JN080248

会社別就活ハンドブックシリーズ

2025

楽天の
就活ハンドブック

就職活動研究会 編

JOB HUNTING BOOK

はじめに

2021年春の採用から，1953年以来続いてきた，経団連（日本経済団体連合会）の加盟企業を中心にした「就活に関するさまざまな規定事項」の規定が，事実上廃止されました。それまで卒業・修了年度に入る直前の3月以降になり，面接などの選考は6月であったものが，学生と企業の双方が活動を本格化させる時期が大幅にはやまることになりました。この動きは2022年春そして2023年春へと続いております。

また新型コロナウイルス感染者の増加を受け，新卒採用の活動に対してオンラインによる説明会や選考を導入した企業が急速に増加しました。採用環境が大きく変化したことにより，どのような場面でも対応できる柔軟性，また非接触による仕事の増加により，傾聴力というものが新たに求められるようになりました。

『会社別就職ハンドブックシリーズ』は，いわゆる「就活生向け人気企業ランキング」を中心に，当社が独自にセレクトした上場している一流・優良企業の就活対策本です。面接で聞かれた質問にはじまり，業界の最新情報，さらには上場企業の株主向け公開情報である有価証券報告書の分析など，企業の多角的な判断・研究材料をふんだんに盛り込みました。加えて，地方の優良といわれている企業もラインナップしています。

思い込みや憧れだけをもってやみくもに受けるのではなく，必要な情報を収集し，冷静に対象企業を分析し，エントリーシート作成やそれに続く面接試験に臨んでいただければと思います。本書が，その一助となれば幸いです。

この本を手に取られた方が，志望企業の内定を得て，輝かしい社会人生活のスタートを切っていただけるよう，心より祈念いたします。

就職活動研究会

Contents

第1章

楽天の会社概況

会社によって選考方法は千差万別。面接で問われる内容や採用スケジュールもバラバラだ。採用試験ひとつとってみても，その会社の社風が表れていると言っていいだろう。ここでは募集要項や面接内容について過去の事例を収録している。
また，志望する会社を数字の面からも多角的に研究することを心がけたい。

✔ 企業理念

楽天グループは、「イノベーションを通じて、
人々と社会をエンパワーメントする」ことをミッションとしています。
ユーザーや取引先企業へ満足度の高いサービスを提供するとともに、
多くの人々の成長を後押しすることで、社会を変革し豊かにしていきます。
「グローバル イノベーション カンパニー」であり続けるというビジョンのもと、
企業価値・株主価値の最大化を図ってまいります。

Mission
イノベーションを通じて、
人々と社会をエンパワーメントする

常識にとらわれず
アイデアを重んじ
イノベーションで
世界を変える

Vision
グローバル イノベーション カンパニー

私たちは世界中の人々が夢を持って幸せに生きられる社会を創るために
知力と創造力と想いを結集し、何事をも成し遂げていく企業文化のもと
常識をくつがえすイノベーションを生み出し続けることを目指します

Values and Principles
楽天主義

楽天グループのあり方を明確にすると同時に、全ての従業員が理解し実行する価値観・行動指針が「楽天主義」です。「ブランドコンセプト」「成功のコンセプト」の2つで構成されています。

私たちは、『楽天主義』を共通言語として、何事をも成し遂げようとする高い志のあるアントレプレナーシップ（起業家精神）を大切にしています。多様性あふれる従業員一人ひとりが最大限に力を発揮できる企業文化を育み、地域との共生を図りながら、グループ全体で一体感をもって企業価値を高め、社会の発展に貢献していきます。

✔ 会社データ

本社所在地	〒158-0094　東京都世田谷区玉川一丁目14番1号 楽天クリムゾンハウス
代表者	代表取締役会長兼社長　三木谷 浩史
設立	1997年2月7日
資本金	444,945百万円（2023年6月30日現在）
従業員数	単体：8,409名 連結：32,079名 （2022年12月31日現在） ※使用人兼務取締役、派遣社員及びアルバイトを除く就業人員ベース

✔ 仕事内容

ビジネス職

戦略・経営企画

【経営戦略、経営企画、事業戦略、事業統括、事業企画、管理会計など】
楽天グループ成長のための、事業・経営の企画及び戦略立案を行うポジションです。経営管理に関する業務の遂行や企業提携等の折衝、機能開発などまで幅広く推進していただきます。

新規事業企画・サービス企画

【新規事業企画、サービスプロデューサー、サービスプランナーなど】
グループ各事業におけるインキュベーションフェーズの事業及びサービス拡充に向けた戦略立案・推進、KPI 設計・管理、収益管理、アライアンス推進等を担当するポジションです。

営業・コンサルタント

【広告営業、メディア営業、新規開拓営業、EC コンサルタント、トラベルコンサルタントなど】
ポジションにより業務内容は異なりますが、主に企業、事業者、施設、官公庁向けの新規提案営業、企画提案営業、広告プランニング、キャンペーン企画・実施等を担当するポジションです。

マーケティング・PR

【プランナー、リサーチャー、ブランディング、広告運用など】
各事業におけるマーケティング、ブランディング、PR 領域における戦略の企画立案から実行、効果検証まで担当します。最先端のデジタルテクノロジーの導入 / 活用に携わる機会があります。

データサイエンティスト・データアナリスト

【ビジネスアナリシス、データ分析、データ解析など】
ビッグデータを活用したマーケティング施策立案、運営、データ運用管理システム開発等を担当するポジションです。事業課題の明確化、データ分析、効果検証、IT システム化等の業務を行います。

金融専門職

【投資運用、ローン審査、融資審査、財務分析、M&A、アクチュアリー、新契約査定など】
楽天グループのFinTech事業における専門領域を担当するポジションです。募集ポジションの詳細はグループ各社（楽天銀行・楽天生命・楽天証券・楽天ペイメント）の採用HPをご確認ください。

物流・SCM・その他
【物流企画、物流管理、在庫管理、商品管理、SCMなど】
楽天の物流サービスに関するKPI管理、コスト管理、社内外折衝、改善案企画、要件定義、設計等を幅広く担当する物流ポジション及び、次世代のECの基盤を築くSCMのポジションです。

カスタマーサポート・運用管理
【カスタマーサポート、オペレーション企画・運用管理、広告審査、広告運用管理、ドメイン管理など】
カスタマーサポートや、サービスのオペレーション企画、構築、運用管理等を担うポジションです。業務の枠にとらわれない改善提案が推奨されており、幅広い領域へチャレンジしやすい環境です。

エンジニア職（プロダクト開発含む）

プロジェクトマネージャー、プロダクトマネージャー
【プロジェクトマネージャー、プロダクトマネージャー、プログラムマネージャーなど】
楽天の各種サービス、プロダクトの要件定義や設計、各プロジェクトのゴールとチームを管理するポジションです。円滑な業務遂行のための高度なコミュニケーション能力や、人々を巻き込む力が求められます。

アプリケーションエンジニア
【ソフトウェアエンジニア、アプリケーションエンジニア、UI/UXエンジニアなど】
楽天の各種サービス、プロダクトのアーキテクチャーおよびアプリケーションの計画・設計・開発・テスト・デバック・実装・メンテナンスを担うポジションです。

インフラエンジニア

【DevOps エンジニア、インフラストラクチャアーキテクト、データベースエンジニアなど】

大規模かつ多様な楽天のサービスを支えるインフラおよびデータセンターの設計・開発・テスト・デバック・メンテナンスを行うポジションです。

セキュリティーエンジニア

【セキュリティエンジニア、セキュリティアナリストなど】

楽天グループのセキュリティを牽引するポジションです。

各サービスの開発者と連携し、安全な開発プロセスやシステム運用の推進、リスク報告、セキュリティに関するインシデント対応等を行います。

データサイエンス・リサーチサイエンス

【リサーチサイエンティスト、データアナリスト、データサイエンスエンジニア、データコンサルタントなど】

さまざまなデータを活用して楽天のビジネスソリューションを開発・発展させるポジションです。

楽天技術研究所の研究開発ポジションも含まれます。

プライバシーガバナンス

【情報セキュリティアナリスト、プライバシースペシャリスト、データガバナンススペシャリストなど】

楽天グループのセキュリティポリシーやガイドラインの策定、情報セキュリティ管理のフレームワークやメソドロジー導入、不正情報の分析等を担当し、楽天のサービスを守っていくポジションです。

テクノロジーマネジメント

【ジェネラルマネージャー、セクションマネージャー、エンジニアマネージャーなど】

多様なメンバーで構成される開発チームを束ねてリードすることで楽天のサービスの発展に寄与するポジションです。円滑な業務遂行のためのコミュニケーション力やリーダーシップが求められます。

テクニカルスペシャリスト

【テクニカルサポート、開発サポートなど】

IT スキルを活かしたテクニカルサポートやバックオフィスからの開発サポー

トを担当するポジションです。

クリエイティブ職

デザイナー

【UI デザイナー、アートディレクター、Web デザイナーなど】
ビジネス・戦略を踏まえデザインの方向性を定義し、設計から実制作、クオリティ管理まで担当します。デザイン / アートディレクションをリードし楽天のブランド力を高めるポジションです。

UX

【UX デザイナー、UX リサーチャー、ディレクター (Web/ アプリ / 映像) など】
お客様により良い体験を提供しつづけることに責任を持ち、ユーザーリサーチ（定量・定性調査）/ 情報設計 / プロトタイプ作成 / ユーザーインタビュー等を担当するポジションです。

ディレクター・プロジェクトマネージャー

【ディレクター (Web/ アプリ / 映像)、プロジェクトマネージャーなど】
プロジェクトの企画立案、スケジュール・品質管理、運用を担うポジションです。企画書作成 / ワイヤーフレーム設計 / システム要件定義 / 効果検証等、円滑かつスピーディな対応が求められます。

プロデューサー・プロダクトマネージャー

【プロダクトマネージャー、プロデューサー (Web/ アプリ / 映像) など】
事業やサービスの戦略立案、KPI 設計から実際のローンチまで、一貫して担うポジションです。お客様の満足度を向上させ、プロダクトの価値を最大化することがミッションです。

フロントエンドエンジニア・ウェブデベロッパー

【フロントエンドエンジニア、マークアップエンジニア、Web デザイナーなど】
Web サイト内のフロント部分の HTML や CSS のマークアップ、Javascript の実装などを担当するポジションです。Git を使用した共同開発、汎用的なコード設計等も行います。

コーポレート職

人事・総務・コーポレートコミュニケーション

【人事、労務、総務、広報、コーポレートコミュニケーションなど】

楽天グループでは、事業フェーズをグローバルへ移行させる中で、人と組織の更なる成長が求められています。人事、総務、広報などの側面からその成長の支援を担当するポジションです。

法務・知的財産・内部監査

【企業法務、知的財産、内部監査、コーポレートガバナンス、渉外など】

楽天グループのサービス提供、サービスに係るシステムの開発･運用、及びマーケティング・編成などに関する企業法務、知的財産、内部監査、コーポレートガバナンス等を担当するポジションです。

財務・経理

【財務、経理、IR、会計、税務、投資戦略など】

財務、経理、予算編成、事業分析等を担当するポジションです。

グローバル規模で発生する複雑・難題な課題に対し、多面的な知識・経験を応用しながら活躍できる環境です。

✔ 先輩社員の声

【グループ人事部 新卒採用チーム リクルーター／ 2019 年入社】

現在担当している仕事内容は？

新卒採用のリクルーターとして、就職活動をしている学生さんのサポートや楽天の魅力を伝える企画を立案・実行しています。
具体的には、学生さんならよくご存じのインターンシップや会社説明会の企画・実施や、担当リクルーターとして就かせていただく学生さんとの面談、さらに内定者の皆さんに向けては、内定者同士が交流できるイベントや、入社に向けた英語のサポートプログラムを計画・設計し、提供しています。
1 年を通して、あらゆるプロジェクトに参加できる点や、プロジェクトの企画から実行までを一気通貫で担当できる点は、働いていて楽しいと思えるポイントですね。

仕事のやりがいや面白さとは？

就職活動において、学生さんが納得感をもって会社を決めるためのサポートができたと思う瞬間です。自分自身もそうでしたが、就職活動においてちょっとした悩みや不安を感じている方は多いと思います。そのような方々に対して、自身の経験や幅広い情報をお伝えし、少しでもそれを解消するお手伝いができるよう努力しています。

1 日の仕事の流れを教えてください

勤務開始後はまずメール・スケジュール・To Do リストの確認をします。複数のプロジェクトを担当しているので、To Do リストに優先順位をつけ整理していくことがとても大事ですね。フレックス制度が導入されているので、チーム朝礼はコアタイムが始まる 11 時から開始します。ミーティングでは必ず発言するのが自身のモットーなので、自分の担当ではないプロジェクトにもアンテナを張るように心がけています。
午後は、担当学生との面談や、担当プロジェクトの企画書を作成します。担当学生との面談は、彼らの入社までのサポートのために行っているものの、自分にとっても楽しみのひとつです。
定時前にチーム終礼をして、翌日のスケジュールを確認したら勤務終了。退勤後は専ら筋トレをしています。在宅勤務が始まってから、みるみる引き締まってきているんですよ（笑）

【楽天モバイル株式会社 営業・マーケティング本部 マーケティング・オンライン営業部 広報課 広報／ 2015 年入社】

現在担当している仕事内容は？

格安 SIM 契約数 NO.1 ※を誇る楽天モバイルの広報として、サービスの良さをより多くの方に広める活動を行っています。プレスリリースの作成および各メディアへの配信、記者会見の実施、そして取材や問い合わせ対応などを担当します。外部の方にとっては私が発信した内容が楽天としての正式な情報となるため、誤りがないようにしなければいけないと緊張することもあります。ですが、経営層とも密に連携して発信した情報が、ニュースとなって掲載されているのを見ると、とてもやりがいを感じます。

※ 2019 年 3 月末 時点

楽天でのキャリアの可能性は？

楽天には「数字にこだわる姿勢」と、「GET THINGS DONE：やり遂げる文化」があります。その 2 つを周囲に示すことができれば、年齢や職種に関わらずチャレンジできる環境があるということが、楽天の大きな特徴です。私自身もその文化のおかげで、新卒入社後は営業職に配属となって、大手企業様を担当させていただき月間獲得目標を達成したり、その後、希望していた広報に異動させてもらえたりと、様々なチャレンジをさせていただきました。現在広報にいる私が今後目指していることは、数字で結果を見せにくいとされる業務ではありますが、あえて数字という結果にこだわることです。例えば、売上を後押しできるような記事化件数を前年比〇〇〇%増にするという明確な数値を盛り込んだ目標を設定するなど、攻めの広報戦略を持って仕事に取り組んでいきたいと考えています。こういったチャレンジができる環境で、楽しく充実した仕事ができるのは本当にありがたいです。

日々の仕事に向き合う姿勢として心がけていることは？

普段から、相手（第三者）の立場に立って考えることを意識しています。広報という仕事は、社内はもちろん、社外でも代理店やメディア関係者などたくさんの方と関わります。その際には一方的な発信にならないよう、相手が必要としている情報は何かを考え、情報の伝え方を工夫するように意識しています。さらに、情報を発信しながらメディアのニーズを汲み取り、新しい情報発信の場を企画して経営層との橋渡しをすることができれば、WIN-WIN の関係が築くことができ、結果としてより多くの方に私たちが伝えたい情報を届けられるようになります。

1 日の仕事の流れを教えてください

出社後、まずスケジュールをチェックして、1 日の流れと TO DO をイメージしてから仕事をスタートします。社内外の各所と連携を取ることが多いため、メールや掲載チェックなども朝一番に行い、スムーズな業務をスタートできるよう意識しています。広報課内を含め社内でも決まった人とのミーティング（MTG）が多くなりがちなので、他部署で働く同期などとのランチは、情報交換を兼ねることができるとても貴重な時間です。社内で気軽に他部署の人とランチができる環境は、ありがたいですね。また、プライベートでは暗闇ボクシングにはまっていて、退社後は、仕事とは正反対に無心で体を動かすことでリフレッシュができるので、欠かせない習慣となっています。

✔ 募集要項

掲載している情報は過去ものです。
最新の情報は各企業のHP等を確認してください。

ビジネス職

対象者	2024年4月入社をご希望の方（2024年3月31日までに国内外の大学・大学院を卒業予定） ※新卒／既卒不問。就業経験（3年未満）がある方も対象となります。 ビジネスレベル以上の日本語力を有する方
募集コース	コンサルティング営業職 企画職 マーケティング職 クリエイティブ職 コーポレート職（人事／総務／法務／経理／財務）など
就業場所	研修後は、配属部門が従事する東京本社、国内支社、海外支社で勤務いただきます。
勤務時間	標準勤務時間帯 9:00～17:30　所定労働時間7.5時間、休憩時間1時間です。 ※楽天グループ朝会実施日の就業時間は8:00～16:30となります。 ※一部のポジションでは、企画業務型裁量労働制または専門業務型裁量労働制の適用対象となる場合があります。 ※一部、フレックスタイム制を適用しています。コアタイム：11:00～15:00（朝会実施日は8:00～12:00） 休日／完全週休2日制（土、日）・祝日 休暇／夏季休暇・年末年始休暇・年次有給休暇・特別休暇など
賃金	学部卒：300,000円（月給）　院卒：310,000円（月給） 月40時間分の固定残業代を含む。 月40時間を超えた時間外労働については、別途時間外手当あり。
昇給	年2回、6月・12月に会社実績や本人の評価により見直しを行います。
賞与	年2回、6月・12月に会社の業績や本人の評価により見直しを行います。
保険	厚生年金保険、健康保険、労災保険、雇用保険など
福利厚生	カフェテリア（朝食・昼食・夕食無料）、スポーツジム（有料）など
その他	通勤交通費、社員持株会、ストックオプション、退職金制度など

エンジニア職

募集職種	以下は職種例になります。 アプリケーションエンジニア／プロダクトマネージャー／ソフトウェアQAエンジニア／データエンジニア／データベースエンジニア／システムインフラエンジニア／クラウドインフラエンジニア／データサイエンティスト／リサーチサイエンティスト
賃金	月額30万円～（例：300,000円の場合内訳：月額給与227,849円＋40時間分の固定残業代72,151円） ※給与は個人の専門知識や経験、実力に応じて決定されます。 ※月40時間を超えた時間外労働については、別途時間外手当を支給します。 ※ただし一部のポジションでは、企画業務型裁量労働制または専門業務型裁量労働制の適用対象となる場合があります。 ※通勤手当を支給します。（ただし条件および上限額あり）
就業場所	東京本社をはじめ、国内支社、海外支社での勤務の可能性があります。
勤務時間	標準勤務時間帯 9:00～17:30 所定労働時間7.5時間、休憩時間1時間です。 ※楽天グループ朝会実施日の就業時間は8:00～16:30となります。 ※一部のポジションでは、企画業務型裁量労働制または専門業務型裁量労働制の 適用対象となる場合があります。 ※一部、フレックスタイム制を適用しています。 コアタイム：11:00～15:00（朝会実施日は 8:00～12:00） 休日／休暇 完全週休2日制（土日）・祝日 夏季休暇・年末年始休暇・年次有給休暇・産前産後休業・育児休業・介護休業・生理休暇・特別休暇（慶弔、ボランティアなど）
福利厚生	カフェテリア（朝食・昼食・夕食無料）、フィットネスジム（有料）、社員持株会など ※新型コロナウイルス感染対策のため、一部の施設が利用停止、もしくは運用が変更となっています。状況は随時変更となる可能性があるため、最新の状況についてはお問い合わせ下さい。
職務要件	学士・修士・博士の学位 以下の経験があると望ましい ・ウェブアプリケーション経験（Java、PHP、Linux/Unixなど） ・スマートデバイス関連のアプリケーション開発経験 ・英語でのコミュニケーション能力 ※詳細は各求人票またはポジション詳細の内容に準ずる

✔ 採用の流れ （出典：東洋経済新報社『就職四季報』）

エントリーの時期	【総・技】2～5月
採用プロセス	【総】Application Form提出・Webテスト→面接（複数回）→内々定　※状況により異なる 【技】Application Form提出→コーディングテスト→面接（複数回）→内々定　※状況により異なる

✔2023 年の重要ニュース（出典：日本経済新聞）

■楽天モバイル、郵便局内 200 店舗削減　ネット契約に誘導（1/20）

楽天モバイルは 20 日、郵便局内に設置してきた店舗約 200 カ所を 2023 年 4 月末までに閉店すると発表した。今後はオンラインでの携帯電話契約の獲得を強化し、全国 2 万カ所の郵便局にチラシを設置する。

楽天グループと資本業務提携する日本郵政グループの郵便局網を活用し、これまで約 280 の郵便局内に申し込みカウンターを置き「楽天モバイル郵便局店」を展開してきた。路面店などを合わせた楽天モバイル全体の店舗数は 1261 店舗（22 年 9 月末）だったが、約 2 割減の約 1000 店舗となる。

楽天は郵便局内のカウンターを削減する一方、全国 2 万カ所の郵便局にオンライン契約のチラシを設置する。チラシに記載されたコードをスマホで読み込めば契約サイトに飛ぶことができる。2 月末までに設置を完了する見通し。

■楽天、操縦士育成会社の社名を「楽天ドローン」に（1/23）

楽天グループは 23 日、ドローン（小型無人機）操縦士育成などをする子会社「SKY ESTATE」（スカイエステート）の社名を 16 日付で、「楽天ドローン」に変更したと発表した。

同社は 2016 年に創業。22 年に楽天グループが完全子会社にした。ドローンパイロットの育成を行う「楽天ドローンアカデミー」の運営やドローンを活用した調査事業などのサービスを提供している。

楽天は「グループの各サービスとの連携を密にし、ブランドシナジーを高めるため」としている。

■楽天モバイル、「プラチナバンド」利用希望を表明（4/19）

楽天グループ傘下の楽天モバイルは 19 日、つながりやすい周波数帯「プラチナバンド」について総務省に対し割り当ての希望を表明したと発表した。プラチナバンドをめぐっては総務省の作業部会が 18 日、プラチナバンドのうち隙間となっていた未利用の電波について、干渉対策を講じれば携帯電話向けに利用できるとの報告書案をまとめていた。

700 ～ 900 メガヘルツ（MHz）の周波数帯はプラチナバンドと呼ばれ、電波の特性から建物内などでもつながりやすい。現在は携帯大手 4 社のうち楽天モバイルのみが割り当てられていない。700MHz 帯の周波数帯では地上デジタル放送などと隣接する携帯電話向けの電波同士が干渉しないよう未利用帯域を設けているが、2022年11月にNTTドコモが3MHz幅の2カ所を携帯電話向けに割り当てることを提案していた。

楽天モバイルは19日、「プラチナバンドの新たな選択肢になりうる700MHz帯の3MHzシステムに対する早期の割り当てを希望させていただいた」とのコメントを発表した。総務省は今後、楽天モバイルからの申請について基準に沿っているかなどを審査した上で割り当ての是非を判断するとみられる。

■楽天モバイルが新プラン　KDDI回線でもデータ無制限に(5/12)

楽天グループ傘下の楽天モバイルは12日、KDDIから回線を借りる「ローミング」(相互乗り入れ)利用によるデータ利用量の上限をなくす新プランを始めると発表した。これまでKDDI回線を利用する場合、5ギガ(ギガは10億、GB)バイトを超えると速度制限がかかっていた。楽天はKDDI回線のローミング利用を都市部にも広げると発表しており、新規顧客の獲得を狙う。

新プラン「Rakuten最強プラン」を6月1日から開始する。料金はこれまでと同様にデータ利用量が無制限の2980円(税抜き)、20GBまでの1980円(同)、3GBまでの980円(同)とする。これまで楽天モバイルの契約者がKDDIの回線を利用した場合、データ利用の上限は5GBで、上限を超えると速度制限がかかっていた。

楽天モバイルは2022年5月に1GBまで無料で使える「0円プラン」の廃止を発表し、最低料金が980円(同)のプランを同7月から導入している。目玉施策の終了で契約者が流出し、一時は500万件を超えていた契約数は452万件(23年1月の速報値)にとどまるなど契約増が喫緊の課題となっていた。

これまで「つながりにくい」イメージが顧客獲得のネックだった。ローミングの利用拡大で都市部を中心に通信品質の向上が期待できる。新プランも導入することでユーザーの利便性向上をアピールし、新規顧客の獲得につなげたい考えだ。

✔2022 年の重要ニュース （出典：日本経済新聞）

■楽天、仮想化技術の通信網構築で新会社（1/4）

楽天グループは４日、専用機器をクラウド上のソフトウエアに置き換える「仮想化」技術を活用した携帯電話通信網の構築事業で、新会社を設立したと発表した。携帯通信子会社、楽天モバイルから関連事業を完全子会社の形で分割した。意思決定を早め、同技術を海外の通信会社などに売り込む。

新会社の名称は「楽天シンフォニー」で、４日付で設けた。楽天モバイル副社長のタレック・アミン氏が社長に就任。楽天は通信網構築のための事業組織として楽天シンフォニーを立ち上げ、2021 年９月から法人化を検討していた。

携帯電話の通信網には基地局のほかに、情報を処理する専用機器などが必要だ。楽天が開発した技術は専用機器を汎用の装置やクラウド上のソフトウエアで代替することで、通信網の構築や運用にかかるコストを４割前後減らせるとしている。21 年８月にはドイツの新興通信企業 1&1 が採用を決めた。

■楽天モバイル「3 カ月無料」 2 月 8 日に受付終了（1/25）

楽天モバイルは 25 日、新規申込者を対象に提供している「3 カ月無料」のキャンペーンの受付を、２月８日に終了すると発表した。新たなキャンペーンについては「未定」としている。

同キャンペーンは基本プラン（最大で月額税込み 3278 円）の料金などが、データ利用量に関係なく申し込みから３カ月間無料になる。他社からの乗り換えを促し、顧客を獲得する目的で 2021 年４月に始めた。

21 年４月に終了した「1 年無料キャンペーン」の終了間際は、新規契約者が急増した。今回も２月上旬にかけて申し込みが増える可能性がある。

楽天モバイルの 21 年９月末時点の契約者数（仮想移動体通信事業者サービスを除く）は 411 万人。EC（電子商取引）サイト「楽天市場」との連携によるポイント還元などでユーザー獲得に取り組んでいるが、新規契約の増加ペースは鈍化しつつある。

■楽天、携帯料金「0 円」を廃止 7 月から最低 980 円（5/13）

楽天グループは 13 日、国内携帯の料金プランの見直しを発表した。月間１ギガバイト（ギガは 10 億、GB）まで０円だった料金体系を廃止する。基地局整備などの設備投資により赤字が膨らむ中、目標である携帯事業の 2023 年中の単月黒字化に向け収益改善策の実施に踏み切った。

新プランは7月1日から始める。楽天グループの携帯子会社である楽天モバイルは、データの利用量に応じた階段型の料金プランを採用している。これまで税抜きで月間1GBまでが無料、1GB超～3GBまでが980円、3GB超～20GBまでが1980円、20GBを超えるとデータ容量無制限で2980円としてきた。プラン見直しで、0GB～3GBまでは980円とする。3GB超～20GBまでの1980円と、20GBを超過した場合の2980円は料金を据え置く。

楽天グループは基地局整備などの設備投資が負担となり、21年12月期の連結決算（国際会計基準）は最終損益が1338億円の赤字となった。料金体系を変更することで、収益性の改善を目指す。

三木谷浩史会長兼社長は「980円は他社と比べてアグレッシブな価格で妥当だと思う」と語った。収益改善で基地局整備などの再投資を確保し、サービス品質を向上するとして理解を求めた。

楽天モバイルの自社回線サービスの契約数は21年末時点で450万件。今回廃止する1GBまで0円の利用者が、契約数全体のどの程度を占めるかは明らかにしていない。

■初の韓流コスメ専門リアル店舗　ライブ配信も（11/30）

楽天グループは12月1日、韓国コスメなどを販売する実店舗「Kulture Market Supported by Rakuten」を東京・原宿に開く。電子商取引（EC）サービス「楽天市場」で販売する韓国発の商品を店頭で試せる。流行に敏感な若年層の楽天市場の利用を増やす狙い。

韓国商品のPRや店舗運営をする「シーズマーケット」と共同で運営する。楽天は30日、店舗の内覧会を開いた。人気インフルエンサーが選ぶコスメセットや新作商品などを展示し、消費者はコスメカウンターなどで試せる。

楽天グループで韓国事業課のマネージャーを務める阿部愛美氏は「ユーザーとのタッチポイントを設けることで韓国発の商品の認知を広げ、若年層の獲得を図りたい」と話す。楽天はファッションのリアル店舗は開いているが、韓国コスメに特化した実店舗は初めて。

12月1日～2023年3月末は、楽天市場に出店する韓国コスメ10店舗の15ブランド100点以上の商品を扱う。QRコードを読み取れば楽天市場の各店舗ページで商品の詳細を確認でき、購入も可能。商品はおよそ4カ月ごとに入れ替える。

期間中は店舗スタッフやインフルエンサーが韓国のトレンド情報を動画共有アプリ「インスタグラム」でライブ配信する。楽天が運営するライブコマースのプラットフォーム利用も視野に入れるとしている。

✔2021年の重要ニュース (出典：日本経済新聞)

■楽天、社名を「楽天グループ」に　4月に変更（1/28）

楽天は4月、社名を「楽天グループ」に変更する。電子商取引（EC）を祖業とし、現在は金融、通信など70以上の事業に増えた。親会社はグループ経営の統括とECを柱とする楽天経済圏を拡大する戦略に集中する。事業子会社の経営の自由度を高め、意思決定のスピードを速める。

社名変更は1999年に「エム・ディー・エム」から「楽天」に変えてから22年ぶり。その間にECを柱とする1億人超の会員基盤と国内最大級の共通ポイントを武器に金融やスポーツ、広告など事業領域を広げている。2019年4月に子会社を再編した。親会社の社名に「グループ」をつけることで、主要子会社に権限を移す。

楽天の子会社はクレジットカードなどの金融事業が伸びている。新規参入の携帯電話は先行投資で当面は赤字が続く見通しだが、通信プラットフォームの輸出を計画している。今後は金融や携帯など主力事業で独自の提携や資本政策を増やし、競争力を高める狙いだ。将来は金融子会社などで新規株式公開（IPO）による資金調達の可能性もあるとみられる。

■楽天モバイルが段階制料金　1GBまで無料、20GB1980円（1/29）

楽天モバイルは4月から、携帯電話のデータ容量が20ギガ（ギガは10億）バイト（GB）以下の場合、データ使用量に応じて料金を段階的に下げる方針を固めた。携帯大手3社が3月から20GBでの新たな低料金プランを導入する。楽天はデータ無制限で月2980円のプランを維持しつつ、20GBや大手が下げていない小容量向けで値下げすることで、価格競争が激しくなる。

29日に発表する。関係者によると、3GBを超え20GB以下の場合は1980円に引き下げ、1GB超えから3GB以下で980円に、1GBまでは無料にするとみられる。20GBを超えた場合はデータ容量を無制限として、現行の2980円のままになる。

3社の寡占を破る「第4極」として後発で参入した楽天は2020年4月、「データ無制限で月2980円」で価格競争を仕掛けた。だが菅義偉政権の携帯料金の値下げ要請を受け、NTTドコモなど携帯3社はオンライン専用の安い料金プランを発表し、5分以内の通話かけ放題を含めて20GBで月2980円の価格を打ち出した。楽天の価格面の優位性が失われていた。

携帯 3 社は政府が求めた 20GB での低料金プランを導入する一方で、主力ブランドによる 10GB 未満の小容量の値下げ策は打ち出していない。楽天はデータ使用量の少ない利用者の料金を安くすることで、幅広い消費者の獲得を目指すとみられる。

■楽天 G、携帯通信事業 3025 億円の赤字　1 ～ 9 月(11/11)

楽天グループは 11 日、2021 年 1 ～ 9 月期の連結最終損益が 922 億円の赤字（前年同期は 714 億円の赤字）になったと発表した。他社から通信回線を借りる費用の負担などで携帯通信事業の事業損益の赤字が 3025 億円と過去最大になったことが響いた。22 年 4 ～ 6 月期に携帯事業の損益は改善すると見込むが、足元は新規契約の獲得ペースが鈍化している。

21 年 1 ～ 9 月期で 3 期連続の最終赤字となった。売上高にあたる売上収益は 15% 増の 1 兆 2005 億円だった。電子商取引（EC）事業、クレジットカードなど金融事業は好調だった。EC など「インターネットサービス事業」の事業利益は 834 億円で前年同期の 64 億円から急増した。金融の「フィンテック事業」の利益は前年同期比 8% 増の 682 億円だった。

携帯通信の「モバイル事業」の赤字が拡大し業績の足を引っ張った。モバイル事業の赤字額は前年同期の 1506 億円から倍増した。同事業の赤字は 7 ～ 9 月期では 1052 億円で四半期ベースでも過去最大となった。

モバイル事業は基地局建設の投資負担が重い。これに加え、KDDI から回線を借りる「ローミング」の費用負担が収益の重荷になっている。

楽天は自社の通信設備が整っていないエリアでは、KDDI に利用料を支払って通信回線を借りる形でサービスを提供している。契約約款をもとに算出すると、利用料は 1 ギガ（ギガは 10 億）バイトで税込み約 550 円。楽天モバイルの現行の料金プランでは、KDDI 回線を通じて 6 ギガ以上を利用すると、楽天がそのユーザーから受け取れる損益は赤字になる計算だ。

このローミングによる負担は契約者が増えるにつれ重くなっているもようだ。三木谷浩史会長兼社長も「ローミング費用が想定を上回ってしまっている」と話す。

楽天も手は打つ。基地局整備を進め「自社回線エリア」を増やし順次、ローミングを打ち切る。10 月から全国 23 道県で打ち切りを始め、22 年 4 月に追加の打ち切りを予定する。基本料金の 1 年間無料キャンペーンも来春に終了する。楽天モバイルの山田善久社長は 11 日に開いた決算記者会見で「22 年 4 ～ 6 月期から事業損益の改善を見込んでいる」と説明した。

✔ 受験者情報

TOEIC のスコアを持っていない人は，早いうちから勉強しておきましょう

ビジネス総合職 2021卒

エントリーシート

- 形式：採用ホームページから記入
- 内容：学生時代に力を入れたこと／希望サービス・カンパニー・事業の選択理由／楽天を志望する理由／就職活動の軸

セミナー

- 選考とは無関係　服装：全くの普段着
- 内容：コロナウイルスの影響で，オンライン説明会。5人の先輩社員の方々のお話，楽天が行っているサービスの紹介，施設の紹介などごく一般的なもの

筆記試験

- 形式：Webテスト
- 課目：数学，算数／国語，漢字／クリエイティブ
- 内容：独自のテスト

面接（個人・集団）

- 面接（個人・集団）
- 雰囲気：和やか
- 回数：4回
- 内容：ガクチカ／志望動機／楽天に入ったら何がしたいか／志望カンパニー／留学のきっかけ などオーソドックスな質問が多い。3次面接では
- 逆質問がメイン。

内定

- 拘束や指示：承諾期間は1週間

その他受験者からのアドバイス

- 各面接30 分と短いため，1つの質問に時間をかけて深掘りというよりかは沢山の質問をしてくる。
- 楽天の理解度，楽天主義への共感，やりたいことを明確にすること。

TOEIC のスコアを持っていない人は早いうちから勉強しておくことをお勧めします。避けては通れません。

ビジネス総合職 2021卒

エントリーシート

・形式：採用ホームページから記入
・「学生時代に力をいれたこと」のみ長文で，他に難しいものはなかった。
・その他，希望カンパニーを第一から第三まで選択。

セミナー

・選考と無関係だった
・コロナウイルスの影響もあり，オンライン説明会だった。5人の先輩社員の方々のお話を伺ったり，楽天が行っているサービスの紹介，施設の紹介などごく一般的なものだった。

筆記試験

・形式：Webテスト
・課目：数学，算数／国語，漢字／クリエイティブ
・内容：企業独自

面接（個人・集団）

・回数：4回
・雰囲気：普通
・内容：一次面接から三次面接まではガクチカとその深堀，四次面接は志望動機とやりたいことをサラッと聞いた後に，かなりの時間を逆質問に費やしました。また，三次からは他社の選考状況も聞かれました。

内定

・通知方法：その他
・まったくありません。むしろ納得するまで考える時間をいただけます。
・TOEIC で650 点を持っていない人はその点数を獲得するまで内定が出ません。

その他受験者からのアドバイス

・三木谷社長の書籍を数冊読みました。その他は公式HP を見たり「楽天就活」で検索したのみで，OB 訪問などは行っていません。

将来自分がなりたい姿ややりたいことが，この会社に入ったらどう実現できるかを考え，面接で伝えられるようにしておきましょう。

ビジネス総合職 2020卒

エントリーシート

・形式：採用ホームページから記入
・内容：サービス業界の志望理由／楽天の志望理由

セミナー

・選考とは無関係
・服装：きれいめの服装
・内容：楽天のビジネス形態の説明，今後注力する分野の説明，社員のパ
・ネルディスカッションなど

筆記試験

・形式：Webテスト
・課目：英語／数学，算数／国語，漢字／性格テスト
・内容：独自のテスト

面接（個人・集団）

・雰囲気：普通
・回数：4回
・内容：基本的に学チカに沿った質問
・1次面接：学チカに沿った質問
・2次面接：学チカの深掘りがメイン。志望度
・3次面接：留学中に何をしていたか／なぜ楽天を志望しているのか／楽天の志望度／他に受けている企業／就活の軸を聞かれた。

内定

・拘束や指示：入社までにTOEIC800，内定書類授与までにTOEIC650
・通知方法：電話
・タイミング：予定通り

その他受験者からのアドバイス

・自分が将来なりたい姿ややりたいことがあれば，それがこの会社に入っ
・たらどう実現できるかを考え，面接で伝えられるようになると良い。

雰囲気が和やかで，笑顔で話を聞いてくださる方が多い印象を受けました。

総合職 2020卒

エントリーシート

・形式：採用ホームページから記入
・内容：弊社を志望する理由を教えてください。

セミナー

・選考と無関係だった
・服装：きれいめの服装
・楽天のビジネス形態の説明，今後注力する分野の説明，社員のパネルディカッションなど

筆記試験

・形式：Webテスト
・課目：英語／数学，算数／国語，漢字／性格テスト
・内容：独自のテスト

面接（個人・集団）

・回数：4回
・学生時代に頑張ったことの深掘り，自分の強みについて，楽天でやりたいこと，実現したいことについて，周りからどんな人と言われるか，など，
・オーソドックスなものが多い

内定

・通知方法：電話入社までにTOEIC 800
・内定書類授与までにTOEIC 650

その他受験者からのアドバイス

・自分が将来なりたい姿ややりたいことがあれば，それがこの会社に入ったらどう実現できるかを考え，面接で伝えられるようになると良いと思います！

エンジニア 2019卒

エントリーシート

・形式：採用ホームページから記入
・内容：研究室・研究内容／得意なプログラミング言語／過去の開発経験／志望動機／入社して挑戦したいこと／英語資格スコア（TOEIC 他）

セミナー

・選考とは無関係　服装：きれいめの服装
・内容：「楽天 Student MEATup!!」（新卒エンジニア向け説明会＠ 楽天クリムゾンハウス）
・各開発部門の様子が聞ける。懇親会では，希望部門の社員の方と話せる。

筆記試験

・形式：Webテスト　課目：理工系専門試験
・内容：「楽天 Student HEATup!!」（新卒エンジニア向け1 日選考会＠楽
・天クリムゾンハウス）／プログラミングテスト（Codility）で，普通のプ
・ロコンっぽい問題1 問/1 時間。問題文は英語

面接（個人・集団）

・雰囲気：和やか
・回数：2回
・内容：「楽天 Student HEATup!!」（新卒エンジニア向け1 日選考会＠ 楽
・天クリムゾンハウス）
・1 次…経歴や開発経験について
・最終…入ってやりたいこと，目指すエンジニア像，気になっているアプリ。

内定

・拘束や指示：3月中に内定承諾の返答
・通知方法：電話
・タイミング：予定通り

▶ その他受験者からのアドバイス

・1 日選考会だった

内内定後に希望の社員と話す機会をセッティングしてもらう事ができ，そこで入社後のイメージを持つことができました。

ビジネス総合職 2019卒

エントリーシート

- 形式：サイトからダウンロードした用紙に手で記入
- 内容：学生時代に頑張ったこと／アルバイト経験／サークル活動の経験／インターシップに取り組んだ経験

セミナー

- 選考とは無関係
- 服装：リクルートスーツ
- 内容：業種説明と現場社員の講演，及びパネルディスカッション

筆記試験

- 形式：Webテスト
- 課目：数学，算数／国語，漢字／性格テスト
- 内容：企業オリジナルのWeb テスト。SPI よりも簡単なもので，非言語は処理能力が肝。

面接（個人・集団）

- 雰囲気：和やか
- 回数：3回
- 内容：一次…学生時代に頑張ったこと／及びその深掘り（どのようなことに力を入れたか，なぜ取り組んだのか）／逆質問
- 二次…困難をどう乗り越えて来たか／集団での取り組み／逆質問
- 三次…志望理由／自分の強みと弱み／楽天でどのような貢献をしてくれるのか／最近気になったニュース

内定

- 拘束や指示：TOEIC800点以上を入社までに取得すること
- 通知方法：電話
- タイミング：予定より遅い

その他受験者からのアドバイス

- 内内定後に希望の社員と話す機会をセッティングしてもらう事ができ，入社後のイメージを持つことができる。

筆記試験の対策や自己分析は早くからやっておいて損はありません。

ビジネス総合職 2019卒

エントリーシート

・形式：採用ホームページから記入
・内容：サークル／インターンシップ／アルバイト／学業等について各600字

セミナー

・選考とは無関係
・服装：リクルートスーツ
・内容：公用語が英語なので，パワーポイントが英語。人事部以外に，現場社員が3名ほど登場し，インタビュー。

筆記試験

・形式：Webテスト
・課目：数学，算数／国語，漢字／性格テスト
・内容：独自。かなり難しいらしく，手応えなし。

面接（個人・集団）

・雰囲気：普通
・回数：3回
・内容：なぜ楽天で働きたいのか／大企業ではなくてなぜ楽天なのか／英語はどのくらいできるか／チームでの経験／今までで1番苦労したことと，それをどう乗り越えたか／自分の長所と短所／入社したらやりたいこと

内定

・拘束や指示：総合商社の選考が終了するまで待ってくれた。しっかり考えた上で入社してもらうスタンス。
・通知方法：電話
・タイミング：予定より早い

その他受験者からのアドバイス

・筆記試験の対策や自己分析は早くからやっておいて損はない。
・最初から業界は絞り過ぎはよくない。
・過去一現在一未来という流れの中で一貫性を持ちながら，簡潔に質問。

就職活動のゴールを早い段階で決定し，それに向かって逆算して計画を立てることで質の良い就職活動ができると考えます。

ビジネス総合職 2019卒

エントリーシート

・形式：採用ホームページから記入
・ゼミ，学生時代頑張ったこと，アルバイト

セミナー

・選考と無関係だった
・服装：きれいめの服装
・人事の方や社員の方が実際に登壇されパネルディスカッションを行っていた。

筆記試験

・形式：Webテスト
・課目：クリエイティブ／その他
・内容：見たことのない問題ばかり出た（私はインターンシップでテストの結果が本選考基準をクリアしていたので本選考ではテストが免除された）

面接（個人・集団）

・回数：3回
・和やか
・なぜ楽天か，なぜIT 企業なのか，家族のこと，今までで成果を出したそ
・のプロセス，大学以前の話

内定

・通知方法：メール
・俗にいうオワハラは全く存在せず，むしろ他社の本選考の話を聞いて下さった。
・とても学生に良心的な企業であると感じた。

▶ その他受験者からのアドバイス

・どの社員の方も皆さん感じが良く楽しくお話ができた。
・面接も終始穏やかだったので自分らしさを出しやすい環境だった。

面接ではありのままの自分をさらけ出すことが大事です。どんなに小さなことでも話の構成や話し方で印象に残すことはできると思います。

ビジネス総合職 2018卒

エントリーシート

・形式：採用ホームページから記入
・学校や資格などの個人情報とアルバイト，サークル，ゼミなどについて
・記入する簡単なものだった。おそらくそんなに重視していないのではないかと感じた。

セミナー

・選考と無関係だった
・服装：リクルートスーツ
・企業のビジネスモデルと多岐にわたる業務の説明に加え，社員や役員の方の講演があった。企業イメージを明確につかむことができた。

筆記試験

・形式：Webテスト
・課目：数学，算数／国語，漢字／性格テスト
・内容：GABに近いと感じた。時間内に終わらせるのはかなり難しいが求められている水準はそんなに高くないと思う。

面接（個人・集団）

・回数：3回
・近い距離で会話形式なので緊張せずに受けることができた。
・内容：学生時代頑張ったこと，サークルやゼミなどES に書いたことについての質問，挫折経験，困難だった出来事とどう対処したか，楽天に対するイメージ，どんな社会人になりたいか，強み弱み，人からどういう人間だと言われるか，ゼミの研究テーマに絡めて関連のある業務への意見を求められた。

内定

・通知方法：電話
・内定通知書に期限が書いてありそれまでに承諾してくださいという話だった。交渉次第ではかなり待ってもらえると思う。

説明会時から学生の話もひとりひとり丁寧に聞いてもらえました。エントリーする前に一度お会いすることをお勧めします。

総合職 2021卒

エントリーシート

・形式：指定の用紙に手で記入
・語学力（留学経験やTOEFLの点数など）・免許・資格・検定，所属クラブ・
・サークル，アルバイト，趣味，長所，短所，志望理由，希望職種（技術職・
・営業職・管理），卒論・ゼミ等のテーマ，大学時代に力を入れたこと等

セミナー

・服装：リクルートスーツ
・企業紹介や，業界内で特化している事業について，入社年数の短い社員さんへの質疑応答の時間など

筆記試験

・形式：作文／Webテスト
・課目：論作文／性格テスト／一般教養・知識
・内容：SPI 試験を外部で受験。一次面接の後に45 分間の作文があり（テーマは「学生時代に最も粘ったこと。取り組んだこと，その結果）

面接（個人・集団）

・回数：3回
・内容：高知県について・なぜ高知工科大学へ入学したのか・マネジメント学部とはどんな学部か（成績表の講義名をもとに質問された）・学生時代に取り組んだこと（学生団体運営委員会での活動について）・海外研修について・なぜ外国に興味があるのか・モノづくりへの興味関心を持つようになったきっかけ・女性が働くには少しきつい職場だが，どのような姿勢で働きたいのか（意気込み）・勤務地へのこだわりの有無，など

内定

・通知方法：電話
・電話での通知でしたが，その際に選考途中である他社がある場合「選考は辞退されるということでしょうか？」と確認されました。

✔ 有価証券報告書の読み方

01 部分的に読み解くことからスタートしよう

「有価証券報告書（以下，有報）」という名前を聞いたことがある人も少なくはないだろう。しかし，実際に中身を見たことがある人は決して多くはないのではないだろうか。有報とは上場企業が年に１度作成する，企業内容に関する開示資料のことをいう。開示項目には決算情報や事業内容について，従業員の状況等について記載されており，誰でも自由に見ることができる。

一般的に有報は，証券会社や銀行の職員，または投資家などがこれを読み込み，その後の戦略を立てるのに活用しているイメージだろう。その認識は間違いではないが，だからといって就活に役に立たないというわけではない。就活を有利に進める上で，お得な情報がふんだんに含まれているのだ。ではどの部分が役に立つのか，実際に解説していく。

■有価証券報告書の開示内容

では実際に，有報の開示内容を見てみよう。

有価証券報告書の開示内容

第一部【企業情報】
　第１【企業の概況】
　第２【事業の状況】
　第３【設備の状況】
　第４【提出会社の状況】
　第５【経理の状況】
　第６【提出会社の株式事務の概要】
　第７【提出会社の状参考情報】
第二部【提出会社の保証会社等の情報】
　第１【保証会社情報】
　第２【保証会社以外の会社の情報】
　第３【指数等の情報】

有報は記載項目が統一されているため，どの会社に関しても同じ内容で書かれている。このうち就活において必要な情報が記載されているのは，第一部の第1【企業の概況】～第5【経理の状況】まで，それ以降は無視してしまってかまわない。

02 企業の概況の注目ポイント

第1【企業の概況】には役立つ情報が満載。そんな中，最初に注目したいのは，冒頭に記載されている【主要な経営指標等の推移】の表だ。

回次	第25期	第26期	第27期	第28期	第29期
決算年月	平成24年３月	平成25年３月	平成26年３月	平成27年３月	平成28年３月
営業収益 （百万円）	2,532,173	2,671,822	2,702,916	2,756,165	2,867,199
経常利益 （百万円）	272,182	317,487	332,518	361,977	428,902
親会社株主に帰属する当期純利益 （百万円）	108,737	175,384	199,939	180,397	245,309
包括利益 （百万円）	109,304	197,739	214,632	229,292	217,419
純資産額 （百万円）	1,890,633	2,048,192	2,199,357	2,304,976	2,462,537
総資産額 （百万円）	7,060,409	7,223,204	7,428,303	7,605,690	7,789,762
１株当たり純資産額 （円）	4,738.51	5,135.76	5,529.40	5,818.19	6,232.40
１株当たり当期純利益 （円）	274.89	443.70	506.77	458.95	625.82
潜在株式調整後１株当たり当期純利益 （円）	―	―	―	―	―
自己資本比率 （％）	26.5	28.1	29.4	30.1	31.4
自己資本利益率 （％）	5.9	9.0	9.5	8.1	10.4
株価収益率 （倍）	19.0	17.4	15.0	21.0	15.5
営業活動によるキャッシュ・フロー （百万円）	558,650	588,529	562,763	622,762	673,109
投資活動によるキャッシュ・フロー （百万円）	△370,684	△465,951	△474,697	△476,844	△499,575
財務活動によるキャッシュ・フロー （百万円）	△152,428	△101,151	△91,367	△86,636	△110,265
現金及び現金同等物の期末残高 （百万円）	167,525	189,262	186,057	245,170	307,809
従業員数 ［ほか、臨時従業員数］ （人）	71,729 [27,746]	73,017 [27,312]	73,551 [27,736]	73,329 [27,313]	73,053 [26,147]

見慣れない単語が続くが，そう難しく考える必要はない。特に注意してほしいのが，**営業収益**，**経常利益**の二つ。営業収益とはいわゆる**総売上額**のことであり，これが企業の本業を指す。その営業収益から営業費用（営業費（販売費＋一般管理費）＋売上原価）を差し引いたものが**営業利益**となる。会社の業種はなんであれ，モノを顧客に販売した合計値が営業収益であり，その営業収益から人件費や家賃，広告宣伝費などを差し引いたものが営業利益と覚えておこう。対して経常利益は営業利益から本業以外の損益を差し引いたもの。いわゆる金利による収益や不動産収入などがこれにあたり，本業以外でその会社がどの程度の力をもっているかをはかる絶好の指標となる。

■会社のアウトラインを知れる情報が続く。

この主要な経営指標の推移の表につづいて,「会社の沿革」,「事業の内容」,「関係会社の状況」「従業員の状況」などが記載されている。自分が試験を受ける企業のことを，より深く知っておくにこしたことはない。会社がどのように発展してきたのか，主としている事業はどのようなものがあるのか，従業員数や平均年齢はどれくらいなのか，志望動機などを作成する際に役立ててほしい。

03 事業の状況の注目ポイント

第2となる【事業の状況】において，最重要となるのは**業績等の概要**といえる。ここでは1年間における収益の増減の理由が文章で記載されている。「○○という商品が好調に推移したため，売上高は△△になりました」といった情報が，比較的易しい文章で書かれている。もちろん，損失が出た場合に関しても包み隠さず記載してあるので，その会社の1年間の動向を知るための格好の資料となる。

また，業績については各事業ごとに細かく別れて記載してある。例えば鉄道会社ならば，①運輸業，②駅スペース活用事業，③ショッピング・オフィス事業，④その他といった具合だ。**どのサービス・商品がどの程度の売上を出したのか**，会社の持つ展望として，今後**どの事業をより活性化**していくつもりなのか，などを意識しながら読み進めるとよいだろう。

■「対処すべき課題」と「事業等のリスク」

業績等の概要と同様に重要となるのが,「**対処すべき課題**」と「**事業等のリスク**」の2項目といえる。ここで読み解きたいのは，その会社の**今後の伸びしろ**について。いま，会社はどのような状況にあって，どのような課題を抱えているのか。また，その課題に対して取られている対策の具体的な内容などから経営方針などを読み解くことができる。リスクに関しては法改正や安全面，他の企業の参入状況など，会社にとって決してプラスとは言えない情報もつつみ隠さず記載してある。客観的にその会社を再評価する意味でも，ぜひ目を通していただきたい。

次代を担う就活生にとって，ここの情報はアピールポイントとして組み立てやすい。「新事業の○○の発展に際して……」,「御社が抱える●●というリスクに対して……」などという発言を面接時にできれば，面接官の心証も変わってくるはずだ。

04 経理の状況の注目ポイント

最後に注目したいのが，第5【経理の状況】だ。ここでは，簡単にいえば【主要な経営指標等の推移】の表をより細分化した表が多く記載されている。ここの情報をすべて理解するのは，簿記の知識がないと難しい。しかし，そういった知識があまりなくても，読み解ける情報は数多くある。例えば**損益計算書**などがそれに当たる。

連結損益計算書

（単位：百万円）

	前連結会計年度 （自 平成26年４月１日 至 平成27年３月31日）	当連結会計年度 （自 平成27年４月１日 至 平成28年３月31日）
営業収益	2,756,165	2,867,199
営業費		
運輸業等営業費及び売上原価	1,806,181	1,841,025
販売費及び一般管理費	※1 522,462	※1 538,352
営業費合計	2,328,643	2,379,378
営業利益	427,521	487,821
営業外収益		
受取利息	152	214
受取配当金	3,602	3,703
物品売却益	1,438	998
受取保険金及び配当金	8,203	10,067
持分法による投資利益	3,134	2,565
雑収入	4,326	4,067
営業外収益合計	20,858	21,616
営業外費用		
支払利息	81,961	76,332
物品売却損	350	294
雑支出	4,090	3,908
営業外費用合計	86,403	80,535
経常利益	361,977	428,902
特別利益		
固定資産売却益	※4 1,211	※4 838
工事負担金等受入額	※5 59,205	※5 24,487
投資有価証券売却益	1,269	4,473
その他	5,016	6,921
特別利益合計	66,703	36,721
特別損失		
固定資産売却損	※6 2,088	※6 1,102
固定資産除却損	※7 3,957	※7 5,105
工事負担金等圧縮額	※8 54,253	※8 18,346
減損損失	※9 12,738	※9 12,297
耐震補強重点対策関連費用	8,906	10,288
災害損失引当金繰入額	1,306	25,085
その他	30,128	8,537
特別損失合計	113,379	80,763
税金等調整前当期純利益	315,300	384,860
法人税、住民税及び事業税	107,540	128,972
法人税等調整額	26,202	9,326
法人税等合計	133,742	138,298
当期純利益	181,558	246,561
非支配株主に帰属する当期純利益	1,160	1,251
親会社株主に帰属する当期純利益	180,397	245,309

主要な経営指標等の推移で記載されていた**経常利益**の算出する上で必要な営業外収益などについて，詳細に記載されているので，一度目を通しておこう。

いよいよ次ページからは実際の有報が記載されている。ここで得た情報をもとに有報を確実に読み解き，就職活動を有利に進めよう。

✔ 有価証券報告書

※抜粋

企業の概況

1　主要な経営指標等の推移

(1)　連結経営指標等

回次		第22期	第23期	第24期	第25期	第26期
決算年月		2018年12月	2019年12月	2020年12月	2021年12月	2022年12月
売上収益	(百万円)	1,101,480	1,263,932	1,455,538	1,681,757	1,927,878
税引前当期利益又は損失（△）	(百万円)	165,423	△44,558	△151,016	△212,630	△407,894
当期利益又は損失（△）	(百万円)	141,889	△33,068	△115,838	△135,826	△375,911
当期包括利益	(百万円)	124,452	△42,818	△132,401	△73,041	△305,976
親会社の所有者に帰属する持分	(百万円)	774,473	735,672	608,738	1,093,719	813,730
総資産額	(百万円)	7,345,002	9,165,697	12,524,438	16,831,221	20,437,298
１株当たり親会社所有者帰属持分	(円)	572.83	542.43	446.78	691.47	511.63
基本的１株当たり当期利益又は損失（△）	(円)	105.43	△23.55	△84.00	△87.62	△235.00
希薄化後１株当たり当期利益又は損失（△）	(円)	104.38	△23.55	△84.00	△87.62	△235.16
親会社所有者帰属持分比率	(%)	10.5	8.0	4.9	6.5	4.0
親会社所有者帰属持分当期利益率	(%)	19.5	△4.2	△17.0	△15.7	△39.1
株価収益率	(倍)	7.0	−	−	−	−
営業活動によるキャッシュ・フロー	(百万円)	145,615	318,320	1,041,391	582,707	△257,947
投資活動によるキャッシュ・フロー	(百万円)	△67,569	△286,290	△303,347	△611,830	△952,408
財務活動によるキャッシュ・フロー	(百万円)	208,418	458,340	808,108	1,402,265	1,486,684
現金及び現金同等物の期末残高	(百万円)	990,242	1,478,557	3,021,306	4,410,301	4,694,360
従業員数	(名)	17,214	20,053	23,841	28,261	32,079

（注）1　国際会計基準（以下「IFRS」）により連結財務諸表を作成しています。

2　期中の平均株式数については日割りにより算出しています。

3　第23期，第24期，第25期及び第26期の株価収益率については，当期損失が計上されているため記載していません。

4　従業員数には，使用人兼務取締役，派遣社員及びアルバイトは含んでいません。

(2) 提出会社の経営指標等

回次		第22期	第23期	第24期	第25期	第26期
決算年月		2018年12月	2019年12月	2020年12月	2021年12月	2022年12月
売上高	(百万円)	431,904	541,755	657,434	783,268	749,420
経常利益	(百万円)	18,142	19,406	29,825	22,662	113,477
当期純利益又は当期純損失(△)	(百万円)	93,150	15,792	53,646	52,739	△87,211
資本金	(百万円)	205,924	205,924	205,924	289,673	294,061
発行済株式総数	(株)	1,434,573,900	1,434,573,900	1,434,573,900	1,581,735,100	1,590,463,000
純資産額	(百万円)	665,977	507,501	505,614	803,192	782,261
総資産額	(百万円)	1,799,645	2,017,118	2,373,188	3,158,305	3,705,384
1株当たり純資産額	(円)	480.53	358.18	352.14	489.68	471.07
1株当たり配当額	(円)	4.50	4.50	4.50	4.50	4.50
(内1株当たり中間配当額)	(円)	(―)	(―)	(―)	(―)	(―)
1株当たり当期純利益又は当期純損失(△)	(円)	69.02	11.66	39.46	34.52	△54.96
潜在株式調整後1株当たり当期純利益	(円)	68.33	11.46	38.61	33.76	―
自己資本比率	(%)	36.1	24.1	20.2	24.5	20.2
自己資本利益率	(%)	15.5	2.8	11.1	8.4	△11.4
株価収益率	(倍)	10.7	80.2	25.2	33.4	―
配当性向	(%)	6.5	38.6	11.4	13.0	―
従業員数	(名)	6,528	7,288	7,390	7,744	8,409
株主総利回り	(%)	71.7	91.4	97.6	113.5	59.9
(比較指標:配当込みTOPIX)	(%)	(84.0)	(99.2)	(106.6)	(120.2)	(117.2)
最高株価	(円)	1,045	1,313	1,259	1,545	1,220
最低株価	(円)	700	710	636	957	576

(注) 1 期中の平均株式数については日割りにより算出しています。
2 第26期の潜在株式調整後1株当たり当期純利益については,潜在株式は存在するものの,1株当たり当期純損失であるため記載していません。
3 第26期の株価収益率及び配当性向については,1株当たり当期純損失であるため記載していません。
4 従業員数には,使用人兼務取締役,他社への出向者,派遣社員及びアルバイトは含んでいません。
5 最高株価及び最低株価は,2022年4月3日以前は東京証券取引所市場第一部におけるものであり,2022年4月4日以降は東京証券取引所プライム市場におけるものです。
6 「収益認識に関する会計基準」(企業会計基準第29号2020年3月31日)及び「収益認識に関する会計基準の適用指針」(企業会計基準適用指針第30号2021年3月26日)を第26期の期首から適用しており,第26期に係る主要な経営指標等については,当該会計基準等を適用した後の指標等となっています。

2 沿革

年 月	概 要
1997年2月	・オンラインコマースサーバーの開発及びインターネット・ショッピングモール『楽天市場』の運営を行うことを目的として，資本金1,000万円にて東京都港区愛宕1丁目6番7号に株式会社エム・ディー・エムを設立
1997年5月	・インターネット・ショッピングモール『楽天市場』のサービスを開始
1998年8月	・本社を東京都目黒区祐天寺2丁目8番16号に移転
1999年6月	・株式会社エム・ディー・エムより，楽天株式会社へ社名変更
2000年4月	・日本証券業協会に店頭登録
2000年5月	・本社を東京都目黒区中目黒2丁目6番20号に移転
2001年3月	・『楽天トラベル』のサービスを開始
2002年11月	・『楽天スーパーポイント（現　楽天ポイント）』のサービスを開始
2003年9月	・宿泊予約サイトを運営するマイトリップ・ネット株式会社を子会社化
2003年10月	・本社を東京都港区六本木6丁目10番1号に移転
2003年11月	・ディーエルジェイディレクト・エスエフジー証券株式会社（現　楽天証券株式会社）を子会社化
2004年9月	・株式会社あおぞらカード（現　楽天カード株式会社）を子会社化
2004年11月	・日本プロフェッショナル野球組織（NPB）（現　一般社団法人日本野球機構（NPB））による「東北楽天ゴールデンイーグルス」新規参入承認
2004年12月	・株式会社ジャスダック証券取引所（現　東京証券取引所JASDAQ（スタンダード））に上場
2005年9月	・LinkShare Corporation（現　RAKUTEN MARKETING LLC）を子会社化
2007年8月	・IP電話事業を運営するフュージョン・コミュニケーションズ株式会社（現　楽天コミュニケーションズ株式会社）を子会社化
2008年4月	・本社を東京都品川区東品川4丁目12番3号に移転
2009年2月	・イーバンク銀行株式会社（現　楽天銀行株式会社）を子会社化
2010年1月	・ビットワレット株式会社（現　楽天Edy株式会社）を子会社化
2010年7月	・フランスにおいてECサイトを運営するPRICEMINISTER S.A.（現　RAKUTEN FRANCE S.A.S.）を子会社化
2012年1月	・グローバルに電子書籍サービスを展開するKobo Inc.（現　Rakuten Kobo Inc.）を子会社化
2012年6月	・スペインにおいてビデオストリーミングサービスを提供するWuaki. TV, S.L.（現　Rakuten TV Europe, S.L.U.）を子会社化
2012年10月	・持分法適用関連会社であったアイリオ生命保険株式会社（現　楽天生命保険株式会社）を子会社化
2013年9月	・グローバルにビデオストリーミングサービスを展開するVIKI, Inc.を子会社化

2013年11月	・「東北楽天ゴールデンイーグルス」がプロ野球日本シリーズ初優勝
2013年12月	・東京証券取引所市場第一部へ上場市場を変更
2014年 3 月	・グローバルにモバイルメッセージングとVoIPサービスを展開するVIBER MEDIA LTD.を子会社化（現　Viber Media S.a.r.l.）を子会社化
2014年10月	・北米最大級の会員制オンライン・キャッシュバック・サイトを展開するEbates Inc.を子会社化
2014年10月	・携帯電話サービスに本格参入，『楽天モバイル』を提供開始
2015年 8 月	・本社を東京都世田谷区玉川一丁目14番1号に移転
2017年 6 月	・楽天LIFULL STAY株式会社を設立，民泊事業に参入
2017年 7 月	・デジタルマーケティングソリューションを提供する楽天データマーケティング株式会社設立
2017年 9 月	・「ゴールデンステート・ウォリアーズ」と2017―2018年シーズンからの包括的なパートナーシップ契約を締結
2018年 3 月	・朝日火災海上保険株式会社（現　楽天損害保険株式会社）を子会社化
2019年 8 月	・『楽天ウォレット』が暗号資産（仮想通貨）の取引サービスを開始
2019年10月	・『楽天モバイル』が携帯キャリアサービスを開始
2020年 9 月	・『楽天モバイル』が携帯キャリアサービスにおいて，5Gを用いた通信サービスを開始
2021年 4 月	・楽天株式会社より，楽天グループ株式会社へ社名変更
2021年 8 月	・持分法適用関連会社であったAltiostar Networks,Inc.を子会社化
2022年 1 月	・楽天モバイル株式会社の完全子会社，楽天シンフォニー株式会社を設立
2022年 4 月	・東京証券取引所の市場区分見直しにより，市場第一部からプライム市場へ移行
2022年10月	・楽天証券ホールディングス株式会社の設立，証券事業を再編

3 事業の内容

当社グループ（当社及び関係会社）は，インターネットサービス，フィンテック及びモバイルという3つの事業を基軸としたグローバルイノベーションカンパニーであることから，「インターネットサービス」，「フィンテック」及び「モバイル」の3つを報告セグメントとしています。

これらのセグメントは，当社グループの構成単位のうち分離された財務情報が入手可能であり，取締役会が経営資源の配分の決定及び業績を評価するために，定期的に検討を行う対象となっています。

「インターネットサービス」セグメントは，インターネット・ショッピングモール『楽天市場』をはじめとする各種ECサイト，オンライン・キャッシュバック・サイト，旅行予約サイト，ポータルサイト，北米地域でのデジタルコンテンツサイト等の運営，メッセージングサービスの提供や，これらのサイトにおける広告等の販売，プロスポーツの運営等を行う事業により構成されています。

「フィンテック」セグメントは，クレジットカード関連サービス，インターネットを介した銀行及び証券サービス，暗号資産（仮想通貨）の媒介，生命保険サービス，損害保険サービス，電子マネーサービスの提供等を行う事業により構成されています。

「モバイル」セグメントは，通信サービス及び通信技術の提供，電力供給サービスの運営並びに北米地域以外でデジタルコンテンツサイト等の運営等を行う事業により構成されています。

また，次のセグメントは，連結財務諸表の注記に掲げる「セグメント情報」の区分と同一です。

当社グループの提供する主なサービス及びサービス主体は次のとおりです。

インターネットサービス

提供する主なサービス	主なサービス主体
インターネット・ショッピングモール『楽天市場』の運営	楽天グループ(株)
インターネット上の書籍等の販売サイト『楽天ブックス』の運営	楽天グループ(株)
インターネット上のゴルフ場予約サイト『楽天GORA』の運営	楽天グループ(株)
インターネット総合旅行サイト『楽天トラベル』の運営	楽天グループ(株)
医療品・日用品等の通信販売等を行う『Rakuten 24』等の提供	楽天グループ(株)
ファッション通販サイト『Rakuten Fashion』の運営	楽天グループ(株)
フリマアプリ『ラクマ』の運営	楽天グループ(株)
オンライン・キャッシュバック・サービスの運営	Ebates Inc.
電子書籍サービスの提供	Rakuten Kobo Inc.
モバイルメッセージング及びVoIPサービスの提供	Viber Media S.a.r.l.

(注) 当連結会計年度より，従来モバイルセグメントに含まれていたViber Media S.a.r.l.及びRakuten Kobo Inc.をインターネットサービスセグメントに移管しています。

フィンテック

提供する主なサービス	主なサービス主体
クレジットカード『楽天カード』の発行及び関連サービスの提供	楽天カード(株)
インターネット・バンキング・サービスの提供	楽天銀行(株)
オンライン証券取引サービスの提供	楽天証券(株)
生命保険事業の運営	楽天生命保険(株)
損害保険事業の運営	楽天損害保険(株)
決済事業の運営	楽天ペイメント(株)

モバイル

提供する主なサービス	主なサービス主体
移動通信サービスの提供	楽天モバイル(株)
光ブロードバンド回線サービス『楽天ひかり』の運営	楽天モバイル(株)
電力供給サービス『楽天でんき』の運営	楽天エナジー(株)
Open RANベースの通信インフラプラットフォーム、サービス等の開発・提供	Rakuten Symphony Singapore Pte. Ltd.

[事業系統図]

以上に述べた内容を事業系統図によって示すと次のとおりです。

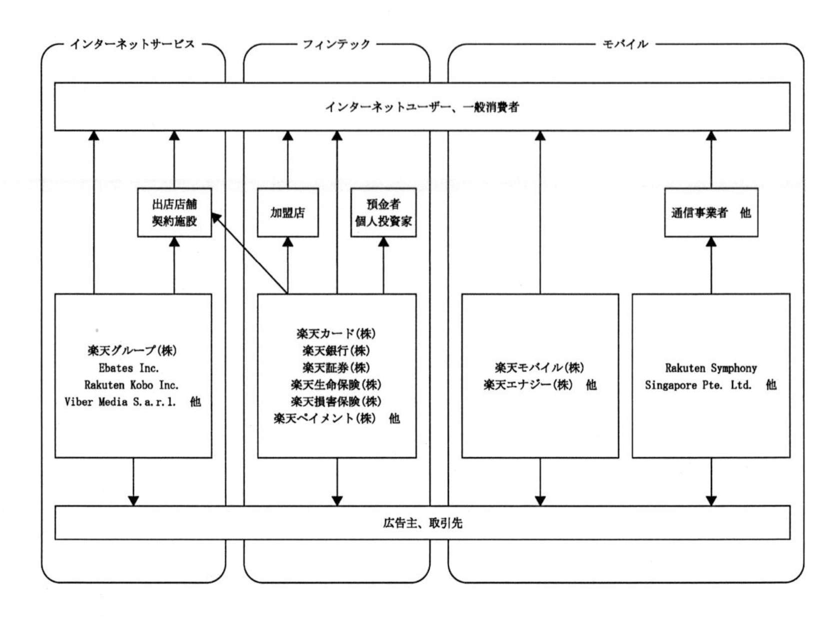

4 関係会社の状況

名称	住所	資本金又は出資金	主要な事業の内容	議決権の所有割合又は被所有割合（%）	関係内容	摘要
（連結子会社）						
Ebates Inc.	米国	0.1米ドル	インターネットサービス	100.0 (100.0)		
Rakuten Kobo Inc.	カナダ	920百万カナダドル	インターネットサービス	100.0 (100.0)		（注）5
Viber Media S.a.r.l.	ルクセンブルク	217千米ドル	インターネットサービス	100.0		
楽天カード(株)	東京都港区	19,324百万円	フィンテック	100.0	役員の兼任あり	（注）6、7
楽天銀行(株)	東京都港区	25,954百万円	フィンテック	100.0	役員の兼任あり	
楽天証券(株)	東京都港区	19,496百万円	フィンテック	80.0 (80.0)		
楽天生命保険(株)	東京都港区	7,500百万円	フィンテック	100.0 (100.0)	役員の兼任あり	
楽天損害保険(株)	東京都港区	20,153百万円	フィンテック	100.0 (100.0)	役員の兼任あり	
楽天ペイメント(株)	東京都港区	100百万円	フィンテック	100.0 (5.0)	役員の兼任あり	
楽天モバイル(株)	東京都世田谷区	100百万円	モバイル	100.0	資金貸付あり 役員の兼任あり	（注）8
楽天エナジー(株)	東京都世田谷区	31百万円	モバイル	100.0	資金貸付あり	
Rakuten Symphony Singapore Pte. Ltd.	シンガポール	353百万シンガポールドル	モバイル	100.0 (100.0)		
（持分法適用関連会社）						
(株)西友ホールディングス	東京都北区	25百万円	インターネットサービス	20.0 (20.0)		

（注）1 主要な事業の内容欄には，セグメント情報の名称を記載しています。
2 上記以外の連結子会社数は196社です。
3 上記以外の持分法適用関連会社数は61社です。
4 議決権の所有割合の（ ）内は，間接所有割合で内数です。
5 特定子会社です。
6 有価証券報告書の提出会社です。
7 売上収益（連結会社相互間の内部売上収益を除く）の連結売上収益に占める割合が10%を超えていますが，当該連結子会社は有価証券報告書の提出会社であるため，主要な損益情報等の記載を省略しています。
8 楽天モバイル株式会社が有する通信料債権の流動化による資金調達を行うにあたり，以下の措置を行っています。
楽天モバイル株式会社の株式は全て当社から楽天信託株式会社に信託されています。これは，楽天モバイル株式会社の通信料債権を流動化するにあたり，投資家の保護を企図した仕組みになります。本仕組みにおいて，当社の信用格付が一定以下になる等の要件に該当した場合には，議決権の行使に係る指図権は独立の第三者である一般社団法人アールエムトラストに移転し，楽天モバイル株式会社は信用力の低下した当社からの影響を回避することができます。

なお，現在当社は議決権全てに対する指図権を含めた受益権を有していることから，議決権の所有割合に含めて記載しています。

5 従業員の状況

(1) 連結会社の状況

2022年12月31日現在

セグメントの名称	従業員数(名)
インターネットサービス	10,232
フィンテック	5,517
モバイル	11,146
全社(共通)	5,184
合計	32,079

(注) 1 従業員数は就業人員であり，使用人兼務取締役，派遣社員及びアルバイトを含んでいません。

2 全社（共通）は，特定のセグメントに区分できない開発部門及び管理部門の従業員数です。

(2) 提出会社の状況

2022年12月31日現在

従業員数(名)	平均年齢(歳)	平均勤続年数(年)	平均年間給与(円)
8,409	34.4	4.7	7,970,761

セグメントの名称	従業員数(名)
インターネットサービス	5,047
フィンテック	1
モバイル	433
全社(共通)	2,928
合計	8,409

(注) 1 従業員数は就業人員であり，使用人兼務取締役，他社への出向者，派遣社員及びアルバイトを含んでいません。

2 平均年間給与は，賞与及び基準外賃金を含んでいます。

3 全社（共通）は，特定のセグメントに区分できない開発部門及び管理部門の従業員数です。

(3) 労働組合の状況

当社に労働組合は結成されていませんが，連結子会社の一部に労働組合が結成されています。なお，労使関係は良好で，特記すべき事項はありません。

事業の状況

1　経営方針，経営環境及び対処すべき課題等

(1)　会社の経営の基本方針

当社グループは，イノベーションを通じて，人々と社会に力を与えること（エンパワーメント）を経営の基本理念としています。ユーザー及び取引先企業へ満足度の高いサービスを提供するとともに，多くの人々の成長を後押しすることで，社会を変革し豊かにしていくことに寄与していきます。グローバルイノベーションカンパニーであり続けるというビジョンのもと，当社グループの企業価値・株主価値の最大化を目指します。

(2)　目標とする経営指標

主な経営指標として，全社及び各事業の売上収益，Non-GAAP営業利益，流通総額（商品・サービスの取扱高），会員数及びクロスユース率等のKPIs（KeyPerformanceIndicators）を重視し，成長性や収益性を向上させることを目指します。

(3)　中長期的な会社の経営戦略

①　経営環境

インターネットをはじめとする情報通信技術（ICT）の発展・普及がもたらした新しい経済，そして社会の姿は「デジタル経済」と呼ばれるようになってきており，政府は，その進化の先にある社会として「Society 5.0」を掲げています。「Society 5.0」においては，IoT，ロボット，人工知能（AI），ビッグデータといった社会の在り方に影響を及ぼす新たな技術があらゆる産業や社会生活に取り入れられ，経済発展と社会的課題の解決が両立されることが期待されています。こうした中で，これらの先端技術を利活用し，変革をもたらす企業が社会から求められていると当社は考えています。

経済産業省の調査によれば，2021年における日本のBtoC-EC市場規模は20.7兆円に達しました。また，新型コロナウイルス感染症の世界的な流行が収

束した後もECの利用が消費者の間で定着しつつあること等から，BtoC市場における物販系EC化率は8.78%となる等，商取引の電子化が進展し続けています。更に，日本の同比率は諸外国のそれに比して未だ低いことから，弊社グループが推進するEC事業の拡大余地は引き続き大きいと考えています。

キャッシュレス決済においては，2018年4月に経済産業省により策定された「キャッシュレス・ビジョン」で，2025年までに我が国におけるキャッシュレス決済比率を40%まで引き上げることが目標とされています。更に，将来的には左記比率を世界最高水準の80%まで引き上げることを目指すとされており，クレジットカード決済，QRコード・バーコード決済等の様々な決済手段によるキャッシュレス決済規模の一層の拡大が見込まれます。

移動通信においては，ネットワークの高度化の進展と共に，スマートフォンの普及，それと並行してSNS，ゲーム，動画・音楽配信，地図，検索等のエンドユーザー向けのコンテンツ・アプリケーション市場が急拡大する中，モバイル端末の利用シーンが大きく広がっています。総務省の報告によれば，2022年6月末時点における日本の携帯電話の契約数は2億334万件に達する等，国内移動通信市場の拡大が継続しています。

このように当社グループをとりまく経営環境はデジタル・トランスフォーメーションが加速する社会の中で，絶えず変化を続けており，当社グループにおいては恒常的な技術革新への対応や事業ポートフォリオの最適化等により，これらの変化に柔軟に対応していく必要があります。

(新型コロナウイルス感染症の影響)

新型コロナウイルス等感染症については，ワクチンや感染対策により影響が落ち着いてきているものの，当社グループの事業，経営成績及び財政状態に影響を及ぼす可能性があり，重大なリスクと考えています。当社グループは，新型コロナウイルス等感染症の流行動向による人々の行動様式の変化と，それに伴う経済活動への影響を注視し，ユーザーが安心して利用できるよう感染対策に努めながら，サービスの提供を行っていきます。

② **経営戦略**

当社グループは，楽天グループ会員を中心としたユーザーに対し，様々なサービスを提供するビジネスモデル「楽天エコシステム」を構築し，拡大することを基本的事業戦略としています。当社グループが保有するメンバーシップ，データ及びブランドを結集したビジネス展開による「楽天エコシステム」の拡大により，国内外の会員がEC，フィンテック，デジタルコンテンツ，携帯キャリア事業等の複数のサービスを回遊的・継続的に利用できる環境を整備することで，会員一人当たりの生涯価値（ライフタイムバリュー）の最大化，顧客獲得コストの最小化等の相乗効果を創出し，グループ収益の最大化を目指します。

加えて，コンプライアンスの遵守や情報セキュリティ管理を徹底し，コーポレート・ガバナンスを率先して強化していきます。法令・社会規範の遵守，汚職・賄賂等の禁止，公平・公正な取引の推進，環境への配慮等を最重要課題として認識しています。具体的には「サプライヤー様向け楽天グループサステナブル調達行動規範」を制定し，公平・公正かつ透明性の高い取引に基づく，取引先及び業務提携先や委託先等との良好な関係の構築と関係強化に取り組んでいます。また，ダイバーシティ（多様性）の尊重や人材の育成に継続的に取り組むことで，一人ひとりが活躍できる社会の形成にも寄与していきます。

更に，サステナビリティへの取組の重要性が世界的に一層高まる中，当社グループにおいても，事業活動で使用する電力を100％再生可能エネルギーにする「RE100」の取組に注力し，グリーン社会の実現に向けて，2023年事業年度中のカーボンニュートラル達成を目指していきます。

こうした取組を通じ，国内及び進出先国・地域の活性化，日本及び世界経済の発展に貢献し，ステークホルダーの皆様から信頼され続ける企業を目指します。

(4) 優先的に対処すべき課題

「イノベーションを通じて，人々と社会をエンパワーメントする」企業グループとして，事業環境の変化に柔軟に対応し，持続可能な成長に向けた仕組を構築することが，当社グループの対処すべき課題です。長期にわたる持続的な成長により，当社グループの企業価値・株主価値の最大化を図るとともに，社会全体に便益をもたらすグローバルイノベーションカンパニーであり続けることを目指します。

① 事業戦略

当社グループが保有するメンバーシップ，データ及びブランドを核とする「楽天エコシステム」において，国内外の会員が複数のサービスを回遊的・継続的に利用できる環境を整備することで，会員一人当たりの生涯価値（ライフタイムバリュー）の最大化，顧客獲得コストの最小化等の相乗効果の創出，グループ全体の価値最大化を目指し，また，メンバーシップ及び共通ポイントプログラムを基盤にしたオンライン・オフライン双方のデータ，AI等の先進的技術を活用したサービスの開発及び展開を進めています。

EC及び旅行予約をはじめとしたインターネットサービスにおいては，ロイヤルカスタマーの醸成，新規顧客の獲得，クロスユースの促進，ECプラットフォーム拡大にむけた楽天エコシステムのオープン化戦略等に取り組むことで，流通総額及び売上収益の更なる成長を目指します。

クレジットカード関連サービス，銀行サービス，証券サービス，保険サービス，電子マネーサービス等を提供するフィンテックにおいては，事業間の相乗効果の創出，クロスユースの促進等を通じた一層の成長を目指します。また，キャッシュレス決済においては，政府によるキャッシュレス化が促進されており，決済サービス導入箇所の拡大や，QRコード・バーコード決済，電子マネー，ポイントを含む総合的なキャッシュレス決済の推進に取り組むとともに，決済サービスプラットフォーム構想の実現に向け，これらの決済手段を統合したペイメントアプリの機能拡充に引き続き注力します。

モバイルにおいては，世界初（注）となるエンドツーエンドの完全仮想化クラウドネイティブモバイルネットワークの構築を行っており，2022年12月末時点において人口カバー率98%を達成しています。更に，ネットワーククオリティを高めるための屋内外の基地局の設置を進めており，信頼性の高い通信サービスの提供を行うとともに顧客基盤の拡大に取り組みます。また，5Gにおいては，あらゆるモノがインターネットに繋がるIoTの進展に伴い，その基盤となる通信ネットワークの重要性が飛躍的に増大することが予想される中で，「超高速」「超低遅延」「多数同時接続」といった5Gの特性を生かした社会課題の解決が期待されています。当社グループにおいては，5Gを2020年代の社会インフラとして，消費者の利便性の向上のみならず，様々な分野における活用や新ビジネスの創出を通して，社会的諸課題の解決，地方創生等に貢献していくことを目指します。クラウドネイティブなOpenRANインフラストラクチャに関連するプロダクトやサービス等を集約し，コスト効率の高い，通信用のクラウドプラットフォームの提供を目指す『楽天シンフォニー』においては，通信事業者におけるネットワーク機器の構成を刷新する取組が進む中，『楽天モバイル』で実装したオープンで完全仮想化されたアーキテクチャを世界の通信各社に提案しています。

こうした個々のビジネスの成長や事業間シナジーの最大限の追求に加え，当社グループが持つメンバーシップやデータ，『楽天ポイント』等の活用による革新的なマーケティング手法の確立，グループシナジーを生かした広告事業の活用，世界共通の会員IDやロイヤルティプログラムを提供するグローバルIDプラットフォームの構築，サービスブランド統合，パートナーシップを通じたブランド価値向上等により，今後も「楽天エコシステム」を国内のみならずグローバルでも拡大していきたいと考えています。このためにはグローバル経営を一層強化する必要があり，経営資源配分の最適化を図るための事業ポートフォリオの見直しをはじめ，技術開発のグローバルでの最適化等に向けた体制強化へも力を入れていきます。

(注) 大規模商用モバイルネットワークとして (2019年10月1日時点) /ステラアソシエ調べ

② **経営体制**

当社グループは，イノベーションを通じて，人々と社会をエンパワーメントすることを経営の基本理念としています。ユーザー及び取引先企業へ満足度の高いサービスを提供するとともに，多くの人々の成長を後押しすることで，社会を変革し豊かにしていきます。その実践のために，コーポレート・ガバナンスの徹底を最重要課題の一つと位置づけ，様々な施策を講じています。

当社は，経営の透明性を高め，適正性・効率性・公正性・健全性を実現するため，独立性の高い監査役が監査機能を担う監査役会設置会社の形態を採用しており，経営の監査を行う監査役会は，社外監査役が過半数を占める構成となっています。また，当社は，経営の監督と業務執行の分離を図るため執行役員制を導入しており，取締役会は経営の意思決定及び監督機能を担い，執行役員が業務執行機能を担うこととしています。

当社の取締役会においては，独立性が高く多様な分野の専門家である社外取締役を中心として客観的な視点から業務執行の監督を行うとともに，経営に関する多角的な議論を自由闊達に行っています。更に，取締役会とは別にグループ経営戦略等に関する会議を開催し，短期的な課題や取締役会審議事項に捉われない中長期的視野に立った議論も行うことで，コーポレート・ガバナンスの実効性を高めています。

加えて，業務執行における機動性の確保，アカウンタビリティ（説明責任）の明確化を実現するために社内カンパニー制を導入しています。

当社グループでは，今後もこうした取組を通じて，迅速な経営判断を可能にし，より実効性の高いガバナンス機能を有する経営体制を構築していきます。

2　事業等のリスク

当社グループは，国内外において多岐にわたる事業展開をしており，これらの企業活動の遂行には様々なリスクが伴います。本項では当社グループ事業の状況等に関する事項のうち，リスク要因となる可能性があると認識している主な事項及び投資者の判断に重要な影響を及ぼすと考えられる事項を記載しています。ただし，当社グループで発生しうる全てのリスクを網羅しているものではありません。当社グループの経営陣は，これらリスクの発生可能性の程度及び時期を認識した上で，発生の回避及び発生した場合の対応に努める方針です。しかしながら，当社グループの事業，経営成績及び財政状態に与える影響並びにその対応策を合理的に予見することが困難である事項もあります。したがって，当社の有価証券に関する投資判断は，本項及び本項以外の記載内容も合わせて，総合的かつ慎重に検討した上で行う必要があると考えています。

なお，以下の記載事項のうち将来に関する事項は，別段の記載がない限り当連結会計年度末現在において当社グループが判断したものであり，不確実性を内在しているため，実際の結果と異なる可能性があります。

1　当社グループの経営陣が考えるリスクとは

当社グループは，リスクを「経営目標の達成に影響を及ぼしうる不確実性」と定義しており，経営目標達成の確度を向上させるために，定期的なリスクの洗い出しを行った上で，当該リスクが当社グループの将来の経営成績等に与える影響の程度や発生可能性に応じた重要性（マテリアリティ）の評価を行い，当該評価に応じた対応策を策定し実行しています。

2　当社グループのリスク管理体制

当社グループは，リスク管理に関するグループ規程に従い，リスクの適切な把握，重要性に応じた対応策の策定と実行，その結果のモニタリングのサイクル（PDCAサイクル）を確立しリスク管理体制を整備しています。リスク管理上重要事項を含むグループ横断的なリスクは，その対策状況を年4回開催されるグループリスク・コンプライアンス委員会にて協議し，本委員会の主な協議事項は重要会議体を通じて経営陣に報告しています。また特に重要なリスクは，その対応状況を取締役会等にて経営陣に報告し，協議しています。

更に，重要リスクの一つである情報及びパーソナルデータの管理については，楽天グループ情報セキュリティ＆プライバシー委員会を毎月開催し，情報セキュリティ及びプライバシーの要求事項等に準拠した体制を整えています。本委員会での主な協議事項は，コーポレート経営会議にて経営陣に報告しています。今後も，現在の活動を継続しつつ，経営判断や事業運営に貢献するリスク管理体制の高度化を推進してまいります。

3　経営環境・戦略に関するリスク

(1)　マクロ経済環境に関するリスク

当社グループは，国内外において多岐にわたる事業展開をしており，当社グループの業績は国内の景気動向とともに，海外諸国の経済動向，社会情勢，地政学的リスク等に影響されます。マクロ経済環境について注視しながら，事業展開等を進めていく方針ですが，今後の内外経済環境の先行きについては引き続き不透明な状況にあり，世界経済の低迷，社会情勢の混乱，国際社会における国家間の対立，地域紛争や武力行使，国家間の経済制裁等による輸出入・外資規制，諸規制変更や規制動向の変化等により，当社グループの事業活動に支障が生じ，サービス・商品の安定的な供給や経営成績及び財政状態に影響を及ぼす可能性があります。

今般のウクライナ情勢については，各国の経済制裁等による営業活動への影響はあるものの，当社グループの連結売上収益に対するウクライナ及びロシア関連の売上の割合は僅少であるため，当社グループの事業，経営成績及び財政状態に与える影響は限定的と見込んでいます。当社グループは，社員の安全確保に加えて，サプライチェーンの混乱，原油価格高騰による物流費や電力調達価格等の増加，サイバー攻撃等の想定されるリスクに対して必要な対策を講じています。しかしながら，ウクライナ情勢の悪化に伴う世界的な社会・経済の不確実性は高く，現時点でその影響を完全に予測することは困難な状況です。当社グループは，情勢を注視し，適時適切な対策を講じリスクの低減に努めますが，かかるリスクが想定を超える場合には，当社グループの事業，経営成績及び財政状態に影響を及ぼす可能性があります。

(2)　新型コロナウイルス感染症の影響

新型コロナウイルス感染症については，ワクチンや感染対策により影響が落ち着いてきているものの，当社グループの事業，経営成績及び財政状態に影響を及ぼす可能性があり，重大なリスクと考えています。

当連結会計年度においては感染症拡大防止を目的とした外出制限や自粛要請，渡航制限等が緩和されたことにより，対面サービスについては回復基調となっています。前連結会計年度同様，経済・社会のデジタル化が加速したことにより，オンラインでの映像提供サービス，インターネット・バンキング・サービスに加え楽天トラベルのような旅行業の需要も増加傾向が見受けられました。

また，定期的に実施している新型コロナウイルス感染症対策会議には経営陣も参加し，グループ内の感染状況等の共有・対策を検討のうえ，機動的に対処しています。

当社グループは，新型コロナウイルス等感染症の流行動向による人々の行動様式の変化と，それに伴う経済活動への影響を注視し，ユーザーが安心して利用できるよう感染対策に努めながら，サービスの提供を行っていきます。しかしながら，感染対策が期待した効果を発揮しなかった場合や新たな変異株の強毒化等により，再び社会経済活動に強い制限がなされるような事態となった場合には，当社グループの事業，経営成績及び財政状態に影響を及ぼす可能性があります。

(3) 競合環境

当社グループが展開するいずれの事業においても多数の競合事業者が存在しており，激しい競争関係にあると考えています。また，他業種の事業者等を含む新規参入者が新たな競合事業者となった場合には，より一層競争が熾烈化する可能性があります。

当社グループは，競合事業者の動向を注視しつつ，引き続き顧客ニーズ等への対応を図り，サービス拡大に結び付けていく方針ですが，これらの取組が期待どおりの効果を上げられず，サービスの競争力を失った場合には，当社グループの事業，経営成績及び財政状態に影響を及ぼす可能性があります。

(4) 業界における技術変化等

当社グループが展開するいずれの事業においても技術分野における進歩及び変化が著しく，新しいサービス及び商品が頻繁に導入されています。

当社グループは，常に最新の技術動向及び市場動向の調査，技術的優位性の高いサービスの導入に向けた実証実験並びに他社との提携等を通して競争力を維持するための施策を講じています。しかしながら，何らかの要因により，当社グループにおいて当該変化等への対応が遅れた場合には，サービスの陳腐化及び競争力低下等が生じる可能性があります。また，対応可能な場合であったとしても，既存システム等の改良，新たなシステム等の開発による費用の増加が発生する可能性があり，これらの動向及び対応の巧拙によっては当社グループの事業，経営成績及び財政状態に影響を及ぼす可能性があります。また，当社グループの事業運営の障害となりうる技術が開発される可能性もあり，このような技術が広く一般に普及した場合には，当社グループの事業，経営成績及び財政状態に影響を及ぼす可能性があります。

(5) 経営体制・事業戦略に関するリスク

① 経営体制（コーポレート・ガバナンス）に関するリスク

当社グループは，イノベーションを通じて，人々と社会をエンパワーメントすることを経営の基本理念としています。ユーザー及び取引先企業へ満足度の高いサービスを提供するとともに，多くの人々の成長を後押しすることで，社会を変革し豊かにしていきます。その実践のために，コーポレート・ガバナンスの徹底を最重要課題の一つと位置づけ，様々な施策を講じています。

当社は，経営の透明性を高め，適正性・効率性・公正性・健全性を実現するため，独立性の高い監査役が監査機能を担う監査役会設置会社の形態を採用しており，経営の監査を行う監査役会は社外監査役が過半数を占める構成となっています。また，当社は，経営の監督と業務執行の分離を図るため執行役員制を導入しており，取締役会は経営の意思決定及び監督機能を担い，執行役員が業務執行機能を担うこととしています。

当社の取締役会においては，独立性が高く多様な分野の専門家である社外取締役を中心として客観的な視点から業務執行の監督を行うとともに，経営に関する多角的な議論を自由闊達に行っています。更に，取締役会とは別にグループ経営戦略等に関する会議を開催し，短期的な課題や取締役会審議事項に捉われない中長期的視野に立った議論も行うことで，コーポレート・ガバナンスの実効性を高めています。

加えて，業務執行における機動性の確保，アカウンタビリティ（説明責任）の明確化を実現するために社内カンパニー制を導入しています。しかしながら，これらの経営体制を含む各施策から期待どおりの効果を得られずに，適時適切な経営の意思決定が行われなかったり，コンプライアンス違反が生じたりした場合には，当社グループの事業，経営成績及び財政状態に影響を及ぼす可能性があります。

② 事業戦略に関するリスク

当社グループは，保有するメンバーシップ，サービス利用に係る各種データ，「Rakuten」ブランドを核とする「楽天エコシステム」において，国内外の会員が複数のサービスを回遊的・継続的に利用できる環境を整備することで，会員一人当たりの生涯価値の最大化，顧客獲得コストの最小化等の相乗効果の創出，ひいては当社グループ利益の最大化を目指すという事業戦略を掲げています。この事業戦略のもと，個々のビジネスの成長及び事業間シナジーの最大限の追求に加え，当社グループが持つメンバーシップ，データ及び「楽天ポイント」を使用したリワードプログラム等の活用を行っています。具体的には，1億以上の会員IDに基づくオンラインとオフライン双方のデータを活用することにより，それぞれの事業におけるサービスの向上を図りつつ，これに加えオンラインとオフラインの垣根を超えるサービスの相互利用を促進しています。しかしながら，それら施策から期待どおりの効果を得られなかった場合，当社グループの展開するサービスの一部あるいは複数が停止し相互利用の促進に障壁が生じた場合には，当社グループの事業，経営成績及び財政状態に影響を及ぼす可能性があります。また，デジタルプラットフォーム・メンバーシップデータの利用方法・リワードプログラムに関する法令等が当社グループにとって不利益な内容に改正された場合には，当社グループの事業，経営成績及び財政状態に影響を及ぼす可能性があります。

③ 事業の拡大・展開に関するリスク

1） 投資及び買収

当社グループは，国外市場への進出，新規ユーザーの獲得，新規サービスの展開，既存サービスの拡充，関連技術の獲得等を目的として，国内外を問わず買収（M&A）や合弁事業の展開を行っており，これらを経営の重要戦略として位置づけています。

買収を行う際には，対象企業の財務内容，契約関係等について詳細なデューデリジェンスを行うことによって，極力リスクを回避するように努めていますが，案件の性質，時間的な制約等から十分なデューデリジェンスが実施できない場合もあり，買収後に偶発債務が発生する可能性及び未認識債務が判明する可能性があります。また，新規サービスの展開に当たってはその性質上，当該新規サービスが当社グループの事業，経営成績及び財政状態へ与える影響を正確に予測することは困難であり，事業環境の変化等により計画どおりにサービスが進展せず，投下資本の回収に想定以上の期間を要する又はその回収ができない可能性やのれんの減損処理を行う必要が生じる等，当社グループの事業，経営成績及び財政状態に影響を及ぼす可能性があります。更に，被買収企業と情報システムの統合，内部統制システム等の統一及び被買収企業の役職員及び顧客の維持・承継等が計画どおりに進まない可能性があり，当社グループの事業，経営成績及び財政状態に影響を及ぼす可能性があります。

合弁事業及び業務提携の展開においても，パートナーとなる事業者の経営成績及び財政状態について詳細な調査を行うとともに，将来の事業計画及びシナジー効果について事前に十分に議論することによって極力リスクを回避するように努めていますが，サービス開始後に双方の経営方針に相違が生じ，期待どおりのシナジー効果が得られない可能性もあります。かかる場合には，当社グループの事業，経営成績及び財政状態等に影響を及ぼす可能性や，投下資本の回収に計画以上の期間を要する又はその回収ができない可能性があります。

その他，ベンチャー企業への投資等，様々な企業に対する投資活動を行っていますが，このような投資活動においても，経営環境の変化，投資先の業績停滞等に伴い期待どおりの収益が上げられず，投下資本の回収可能性が低下する場合には，投資の一部又は全部が損失となり，当社グループの事業，経営成績及び財政状態に影響を及ぼす可能性があります。。

2) 海外への事業展開

当社グループは，収益機会の拡大に向けてグローバル展開を主要な経営戦略の一つとして掲げ，米州，欧州，アジア等の多くの地域でECを含む各種サービスを展開しています。また，国内外のユーザーが国境を越えて日本又は海外の商品及びサービスを購入するためのクロスボーダーサービス等も順次拡大しています。今後とも在外サービス拠点及び研究開発拠点を拡大していくとともに，各国サービス間の連携強化等に取り組みながら，海外でのサービスの充実を図っていく予定です。

一方，グローバルにサービスを展開していく上では，言語，地理的要因，法令・税制を含む各種規制，自主規制機関を含む当局による監督，経済的・

政治的不安定性，通信環境や商慣習の違い等の様々な要因によって種々のリスクが生じる可能性があります。グローバルに事業を展開する競合他社との競争熾烈化のリスク，外国政府及び国際機関により関係する諸規制が予告なく変更されるリスク，当社グループ方針の浸透不足等により各種コンプライアンスに違反するリスクも存在します。更に，サービスの国際展開では，サービス立上げ時に，現地における法人設立，人材の採用，システム開発，現地事業の適切な管理のための体制構築等に係る経費が発生するほか，既存サービスにおいても，法令の変更に対応するための継続的な支出が見込まれ，戦略的にビジネスモデルを変更する場合には，追加的な支出が見込まれることから，これらの費用が一定期間当社グループの収益を圧迫する可能性があります。また，新たなサービスが安定的な収益を生み出すためには，一定の期間が必要なことも予想されます。

これらのリスクに対応するため，当社グループは，各国情勢を注視し，現地法令等へ適正に対応するとともに，各現地グループ会社でコンプライアンス体制を適切に構築し，法令遵守に努めています。また，サービスの展開においては，KPI を用いた常時業績管理，「楽天エコシステム」を活用した収益構造の効率化等による迅速な事業の立ち上げ，柔軟なビジネスモデルの変更を行うとともに，適時適切なコストコントロールを行い，当社グループの収益を圧迫するリスクの低減に努めています。しかしながら，ビジネスモデルに影響を及ぼす法規制・制度の変更，市場競争環境の変化等によりかかるリスクが現実化した場合には，対応に想定外の費用を要する可能性又は事業継続が困難となりサービス停止や事業撤退を余儀なくされる可能性があり，当社グループの事業，経営成績及び財政状態に影響を及ぼす可能性があります。

3) サービス領域の拡大

当社グループは，技術及びビジネスモデルの移り変わりが速いインターネットを軸とした多岐にわたる事業をサービス領域としています。その中で，新規サービスの創出及び時代の流れに即したビジネスモデルの構築を目的とし，新規サービス領域に参入しています。新規サービスを開始するに当たって，相応の先行投資を必要とする場合があるほか，当該サービス固有のリスク要因が加わることとなり，本項に記載されていないリスクでも，当社グループのリスク要因となる可能性があります。

また，新規に参入した市場の拡大スピード及び成長規模によっては，当初想定していた成果を上げることができない可能性があります。加えて，サービスの停止，撤退等においては，当該事業用資産の処分及び償却を行うことにより損失が生じる可能性があります。当社グループは，サービス領域の拡大の場面において適時適切な対応を講じ，リスク低減に努めていますが，かかるリスクが現実化した場合には，当社グループの事業，経営成績及び財政状態に影響を及ぼす可能性があります。

4）　サプライチェーンに係るリスク

当社グループでは，製品調達及び供給を適時に行うことが求められます。製品の調達・供給において，地政学的リスク，自然災害，疫病，戦争，内戦，暴動，テロ，サイバー攻撃，港湾労働者によるストライキ，あるいは輸送事故等の理由により生産・物流が停滞する場合，供給不可や配送遅延による売上機会の損失，復旧対応のコスト増加により当社の収益確保に影響を及ぼす可能性があります。

また，当社グループは顧客の維持・獲得，ネットワークの構築及びメンテナンス等のほか，それらに付随する業務の一部又は全部について，他社に委託しています。そのため，取引先及び業務提携先や委託先に関しては選定時に「楽天グループにおける購買委託管理に関するインストラクション」やそれに基づく各社購買規程にのっとった評価・選定を行うとともに，「楽天グループサステナブル調達インストラクション」に基づく調達調査を通じ，リスクアセスメント，取引先審査及び課題の抽出，ヒアリング実施等PDCAサイクルの構築によって，取引上のリスクの低減に努めています。

また，「サプライヤー様向け楽天グループサステナブル調達行動規範」を制定し，取引先及び業務提携先や委託先に向けては，法令・社会規範の遵守，汚職・賄賂等の禁止，公平・公正な取引の推進，環境への配慮等，具体的な行動指針を定めています。これらをもとに，取引先及び業務提携先や委託先と公平・公正かつ透明性の高い取引に基づく良好な関係の構築と関係強化に取り組んでいます。

しかしながら，これらの対策にも関わらず，業務委託先（役職員や関係者を含む）と当社グループとの業務の中で故意又は過失による法令違反や，不正行為，人権侵害等が発生した場合，当社グループの事業展開に影響を及ぼす可能性があります。業務委託先は当社グループのサービス・商品を取り扱っていることから，上述のような事象により当該業務委託先の信頼性や企業イメージが低下した場合には，当社グループの事業，経営成績及び財政状態に影響を及ぼす可能性があります。

4 ビジネスセグメント固有の事業運営に関するリスク ……………………

(1) インターネットサービスセグメント ……………………………

① マーケットプレイス型のサービス

『楽天市場』のようなオンライン・ショッピングモール・サービス，『楽天トラベル』のような宿泊予約サービス,『Rakuten Rewards』のようなオンライン・キャッシュバック・サービス等においては，取引の場を提供することをその基本的形態としています。

当社グループは売買契約等の当事者とはならず，規約においても，販売者又は役務提供者と購入者又は役務利用者との間で生じたトラブルについて，当社グループはその責任を負わず，当事者間で解決すべきことを定めていますが，他方で，マーケットプレイス型サービスにおける取引の場の健全性確保のため，偽造品その他の権利侵害品の排除等に自主的に努めています。具体的には，出品商品に関するガイドラインによるルールの明文化や，事前の商材審査，定期モニタリングの実施，社外からの通報窓口設置等を行っています。しかしながら，マーケットプレイス型のサービスにおいて，第三者の知的財産権，名誉，プライバシーその他の権利等を侵害する行為，詐欺その他の法令違反行為等が行われた場合には，問題となる行為を行った当事者だけでなく，当社グループも取引の場を提供する者として責任を問われ，更には，当社グループのブランドイメージが毀損される可能性もあります。

また，近時，マーケットプレイス型サービスを含むプラットフォームビジネスについては，ネットワーク効果や規模の利益が働きやすいことから，優越的地位の濫用を含む不公正な取引方法に該当する事例その他の独占禁止法上の問題が生じやすいことが指摘されています。当社グループは，前述のように販売者又は役務提供者と購入者又は役務利用者に健全で信頼される取引の場を提供するとともに，これらの者との健全な関係の維持に努めています。また，当社グループは「5　事業運営に伴うその他リスク　(3) 法規制等に関するリスク　①法令・コンプライアンスに関するリスク」にも記載しているように，法令遵守を重要な企業の責務と位置づけ，コンプライアンス体制を構築し，必要に応じて弁護士その他の専門家への相談，監督官庁との協議等を行い，法令遵守の徹底を図っています。しかしながら，当社グループのかかる施策にも関わらず，公正取引委員会の見解と当社グループの見解が異なること等により，独占禁止法への抵触の問題が発生する可能性は完全には否定できません。公正取引委員会から独占禁止法に基づく排除措置命令等を受けた場合には，企図していた施策が実現できなくなることに加えて，当社グループの社会的信用が毀損され，当社グループの事業，経営成績及び財政状態に影響を及ぼす可能性があります。

当社グループは，利便性及び信頼性の高いシステムに加え，集客力に優れた取引の場を継続的に提供することに努めていますが，それらの取組が期待どおりの効果を上げられなかった場合には，販売者・役務提供者が減少し，当社グループの事業，経営成績及び財政状態に影響を及ぼす可能性があります。

②　宿泊予約サービス

『楽天トラベル』のような宿泊予約サービスは，パンデミックや自然災害によって大きな影響を受けます。当連結会計年度においては，旅行業全体では回復基調にはありますが，今後も新型コロナウイルス感染症の流行の先行きは不透明であり，また，異常気象，自然災害その他の要因による旅行需要の減少の可能性も否定することはできません。当社グループでは，新型コロナウイルス等感染症の流行の動向を注視しつつ宿泊施設と連携して感染予防に努め，また，自然災害については想定される被害に備えて準備を行い，当社グループへの影響を低減するように努めています。しかしながら，かかる取組にも関わらず，パンデミックや自然災害等の理由で旅行需要の減少等が起きた場合には，当社グループの事業，経営成績及び財政状態に影響を及ぼす可能性があります。

③ **直販型のサービス**

当社グループが一般消費者に対して商品・役務を直接提供する『Rakuten 24』，『楽天ブックス』，『Rakuten Fashion』等のサービスにおいては，当社グループは売買契約等の当事者となり，商品・役務の品質及び内容に責任を負っています。商品の販売及び役務の提供に際しては，関係法令を遵守し，品質管理に万全を期していますが，欠陥のある商品を販売又は欠陥のあるサービスを提供した場合には，監督官庁による処分を受ける可能性があるとともに，商品回収，損害賠償責任等の費用の発生，顧客からの信用低下による売上高の減少等により，当社グループの事業，経営成績及び財政状態に影響を及ぼす可能性があります。また，商品については，一部でデータ活用を用いて予測した需要に従って，仕入及び在庫水準の管理等を行っていますが，想定した需要が得られない場合並びに技術革新及び他社商品との競争の結果，商品価格が大きく下落する場合には，棚卸資産として計上されている商品の評価損処理等を行う可能性があり，その結果，当社グループの事業，経営成績及び財政状態に影響を及ぼす可能性があります。

④ **物流事業**

当社グループは，『楽天市場』等におけるユーザー，販売者又は役務提供者である出店企業の利用満足度を一層高めるべく，出店企業の物流業務の受託サービスの拡大等を通じた配送品質の向上に注力しています。

物流事業においては，何らかのシステム障害が発生して物流業務の遂行が不可能になること，物流拠点内の事故，自社物流網における新型コロナウイルス感染症を含む感染症の流行及び自然災害による物流拠点の稼働停止等のリスクがあります。当社グループは，システム障害発生の未然防止，障害発生原因に対する恒久対応策の実施，庫内・配送における安全業務遂行のための安全衛生委員会の設置及び自然災害を想定したリスク管理体制の構築を行っています。しかしながら，これらの施策が不十分であった場合には，当社グループの事業，経営成績及び財政状態に影響を及ぼす可能性があります。また，物流拠点の拡大にあたり，設備として賃貸物件等を活用し，倉庫内設備投資等は将来見込まれる受注量を予測して実施していますが，当該設備の構築及び稼動開始までには一定の時間を要するため，かかる支出は先行的な投資負担になる場合があるほか，実際の受託業務での収益が予測を下回る場合には先行費用を補えず，当社グループの事業，経営成績及び財政状態に影響を及ぼす可能性があります。更に，設備の移転，廃止等が決定された場合には，当該資産の処分及び償却を行うことにより，当社グループの事業，経営成績及び財政状態に影響を及ぼす可能性があります。

⑤　広告ビジネス

当社グループでは，デジタル広告等に関する広告ビジネスの売上高がグループ全体の売上に対して一定の比率を占めていますが，広告市場は特に景気動向の影響を受けやすい傾向があり，景気が後退した場合には，広告主による予算減少の影響を受ける可能性があります。また，デジタル広告の分野においては技術の進展によって多様な広告手法が生み出されており，新規の参入者も多いことから，特に激しい競争にさらされています。

更に，広告配信プラットフォーム等の技術的な手法に，各種法令やプライバシーに配慮した制約や変更が生じ，従来可能であった広告手法の変更や更なる技術開発が必要となる可能性があります。かかる事業環境において，当社グループはこれらの競争や環境変化に対応するため，独自プラットフォーム上での広告の拡大やデジタル広告の技術開発を含む様々な施策を講じていますが，これらの施策が十分でない場合には，サービスの競争力を失い，当社グループの事業，経営成績及び財政状態に影響を及ぼす可能性があります。

⑥　コンテンツ関連事業

1）　デジタルコンテンツサービス

当社グループでは，電子書籍サービス，ビデオストリーミングサービス，ミュージックストリーミングサービスコンテンツ等のデジタルコンテンツの提供をインターネットサービスセグメント及び後述のモバイルセグメントにおいて行っています。デジタルコンテンツのフォーマットは多彩であるため，映像等の使用許諾に加え，ライセンサー等に対し，事前に最低保証料等の支払を求められることがあり，かかる先行的な対応や支払のため，コンテンツ調達のための支出が一時的に発生するほか，コンテンツ収入が当該調達費用を下回る場合には，当事業の収益に影響を及ぼす可能性があります。当社グループでは，ライセンサー等と契約交渉するにあたり，ライセンサーへの費用の支払を最低保証金等ではなく可能な限り売上分配型の形態を採るよう交渉に努めています。

また，新型コロナウイルス感染症対策により興行・イベント自体が自粛又は開催の規模を縮小して実施することになった影響を加味し，デジタルコンテンツ事業に関するイベントをオフライン型からオンライン型へ移行を強化することにより新たな収益源の確保に努めています。更に，「楽天エコシステム」を生かし，楽天モバイル株式会社が販売する携帯端末から当社グループが提供するデジタルコンテンツへのアクセスを容易にすることにより，モバイル事業とのシナジーを生かした事業展開を行っています。しかしながら，かかる施策を講じても必ずしも期待どおりの効果が生じる保証はなく，当社グループの事業，経営成績及び財政状態に影響を及ぼす可能性があります。

2) メッセージングサービス

当社子会社のViber Media S.a.r.l.及びその子会社が提供するモバイルメッセージング及びVoIPサービスは，日本及びヨーロッパをはじめとする海外で広く事業展開を行っています。当サービスにおける通信内容等の情報の取扱いは，日本及び各国の個人情報保護に関する法令に則り適切な取扱いを行っています。しかしながら，後述の「5事業運営に伴うその他リスク (1) 情報セキュリティに関するリスク，(2) 情報システムに関するリスク」に記載のとおり，サービスを提供するシステムの不具合やマルウエア等の影響，外部からの不正な手段による侵入等の犯罪行為等により情報システムの可用性又は情報の機密性及び完全性を確保できない可能性があります。また，前述の「3経営環境・戦略に関するリスク (1) マクロ経済環境に関するリスク」に記載のとおり，ウクライナ・ロシアにおける政治的リスク顕在化による影響を完全に予測することは困難な状況で，収益低下，従業員安全確保ができない可能性があります。当社グループではこれらのリスク発生の回避又は低減のため，監視体制を強化するとともに，技術的，物理的にも各種対応策を講じ，政治情勢のフォローに加え，タスクフォースの設置により従業員の安全と収益への影響を引き続き注視いたします。しかしながら，これらの施策が不十分であった場合には，当社グループの事業，経営成績及び財政状態に影響を及ぼす可能性があります。

(2) フィンテックセグメント

① フィンテックグループ共通リスク

1） 法的規則

楽天カード株式会社，楽天銀行株式会社，楽天証券株式会社，楽天損害保険株式会社，楽天生命保険株式会社，楽天ペイメント株式会社，楽天Edy株式会社等の金融サービスを提供するグループ会社（以下「当社金融グループ会社」）においては，各種業法，金融関連諸法令，監督官庁の指針（ガイドライン），金融商品取引所及び業界団体等の自主規制機関による諸規則等の適用を受け，これらを遵守しています。しかしながら，当社金融グループ会社において，サービスを提供するために必要な許認可につき，将来，何らかの事由により免許等の取消等がなされ，又は業務停止が求められた場合には，当社グループの事業，経営成績及び財政状態に影響を及ぼす可能性があります。更に，関連法令諸規則の新設，改正等により，他社の新規参入が容易になる場合や提供するサービスに関する規制が強化された場合には，競争の激化，規制強化に対応するための想定外の追加コストの発生及びビジネスモデルの見直し等が必要になる可能性があります。一方，当該関連法令諸規則等の変更や緩和により当該サービスの提供にあたり有利に影響する場合には事業展開に追い風となり，当社グループの事業，経営成績及び財政状態に影響を及ぼす可能性があります。

2021年8月には，FATF（金融活動作業部会）による第4次対日相互審査報告書が公表されています。日本当局を含めた各国当局は，マネーローンダリング及びテロ資金供与防止に関連し，FATF等の要請に基づいた各種施策を強化しており，当社グループは，国内外で業務を行うにあたり，各種規制の適用を受けています。当社グループは，関係法令諸規則等を遵守すべく，当社グループ全体の基本方針としてAML/CFTに関する関連規程を定め，同規程に基づいた運営及び管理を行っています。

しかしながら，当社グループにおいて，関係法令諸規則等を遵守できなかった場合，法規制に対する検討が不十分であった場合には，行政処分や罰則を受けたり，業務に制限を付されたりするおそれがあり，当社グループの事業，経営成績及び財政状態に影響を及ぼす可能性があります。

また，当社金融グループ会社は，監督官庁の指針（ガイドライン）に基づき，内部統制基本方針，リスク管理細則等の社内規程に加え，金融商品取引法の財務報告に係る内部統制等を参考にした内部統制の整備によるグループガバナンス体制を構築し，業務の健全性，適切性を確保しています。しかしながら，何らかの理由によりグループガバナンス体制に不備があり監督官庁から行政処分等を受けた場合には，当社グループの事業，経営成績及び財政状態に影響を及ぼす可能性があります。

2) マーケット

当社金融グループ会社の各事業は，資産負債の時価変動についてリスクを負っています。当社金融グループ会社は，資産負債管理（ALM）を適切に対応していますが，市場動向等により金利が大幅に変動した場合には当社グループの事業，経営成績及び財政状態に影響を及ぼす可能性があります。

また，当社金融グループ会社は，個人・法人向けの貸付債権を保有しているほか，国債・社債等の債券を保有しています。経済状況が悪化した場合及び債務者・債券の発行体の信用状況が著しく悪化した場合には，当該貸付債権・保有債券の信用力が低下し，元利金の支払が不履行となる可能性があるとともに，当該貸付債権への引当金計上及び保有債券の市場価格の下落により，当社グループの事業，経営成績及び財政状態に影響を与える可能性があります。また，市場リスクをヘッジするために行っている金利スワップ，通貨スワップ，為替予約，オプション等のデリバティブ取引についても，カウンターパーティーリスク（取引の相手方が破綻して約定どおりの支払が受けられないリスク）があります。当社金融グループ会社は，これらのリスクに対し，当該貸付債権，保有債券及びデリバティブ取引の相手方の信用状況について，適宜精査をしており，早期の対応を図っていますが，当該対応が間に合わず，かかるリスクが現実化した場合には，当社グループの事業，経営成績及び財政状態に影響を与える可能性があります。

このほか，当社金融グループ会社を含む当社グループ全体に関わるマーケットリスクについては，「5事業運営に伴うその他リスク (6) マーケットに関するリスク」をご参照ください。

② **フィンテックグループ個別リスク**

当社金融グループ会社は，各事業において固有のリスクを有しています。特に投資者の投資判断上，重要であると考えられる事項については以下のとおりです。これらのリスクは互いに独立したものではなく，ある事象の発生により複数のリスクが同時に発生する可能性があります。

1）　楽天カード株式会社

楽天カード株式会社は，クレジットカード決済等における加盟店契約業務を提供しており，加盟店からの手数料を収入源としています。加盟店手数料率の低下，競合他社との競争激化等による加盟店流出が生じる可能性があります。また, 2022年11月末より加盟店手数料の一部を構成するインターチェンジフィーが国際ブランドから公表され，現在のところ，同社における影響は軽微とみていますが，引き続き状況を注視していきます。同社は引き続き，業務改善を通じたコスト削減及び，お客様のニーズに合わせたサービス展開に取り組み対応します。しかしながら，その取組が期待どおりの成果を発揮しなかった場合，加盟店数の減少や手数料ビジネスの利益率の悪化により当社グループの事業，経営成績及び財政状態に影響を及ぼす可能性があります。

また，経済環境の悪化に伴い，自己破産及び多重債務者の増加，消費の落ち込みによるサービス需要の低下並びに求償債権の増加による引受信用保証の収益性の悪化の可能性があります。これらのリスクに対して与信管理を適切に行っていますが, 想定を超え経済環境が悪化した場合には, 当社グループの事業，経営成績及び財政状態に影響を及ぼす可能性があります。

更にクレジットカードをはじめとしたキャッシュレス決済手段の拡充による取扱高の増加に伴い，クレジットカードの不正利用等が年々増加しています。同社においてはカード情報を裏面に記載した新デザインカードの発行及び，24時間体制でのモニタリング等にて不正利用の防止体制を強化していますが，想定を超える不正利用が発生した場合には，経営成績及び財政状態に影響を及ぼす可能性があります。

2) 楽天銀行株式会社

楽天銀行株式会社は，銀行法及び金融商品取引法等に基づく監督を受けています。同社は，法令等により一定の自己資本比率の維持を求められており，財政状態を健全に保ち，最低自己資本比率を下回ることがないように留意していますが，財政状態の悪化により定められた自己資本比率が下回る場合には，金融庁から営業の全部又は一部の停止を含む行政上の措置が課される可能性があります。更に同社は，登録金融機関として外国為替証拠金取引を取り扱っており，金融商品取引法その他の関係法令及び一般社団法人金融先物取引業協会の規則を遵守するとともに，各種禁止行為を行うことがないよう留意し事業を行っています。しかしながら，かかる取組や対応策が不十分であった場合には，同社は行政処分等を受ける可能性，顧客からの信頼を失う可能性があり，当社グループの事業，経営成績及び財政状態に影響を及ぼす可能性があります。

また，同社では，インターネット・バンキング・サービスを提供しており，普通預金の引き出し，定期預金の解約，他の金融機関への送金又は振込がインターネット上で行えます。そのため，経済環境の悪化や同社及び当社グループのレピュテーションに悪影響を及ぼす不測の事態が発生した場合には，他の金融機関と比較して速いペースで想定を超えた資金流出が著しく発生する可能性があります。かかるリスクに対して，インシデント発生の未然防止又は早期発見のための定期的なモニタリング及び内部監査を内部統制の取組として実施しています。しかしながら，それらの取組の結果が期待どおりの効果を得られなかった場合には，当社グループの事業，経営成績及び財政状態に影響を及ぼす可能性があります。

更に，同社においては，適切な収益確保とマーケティングコストの管理を行っていますが，競争環境の激化により，ローン金利の引き下げ，預金調達コストの増加及び多額のマーケティングコストが発生した場合や，日本銀行による想定外の政策金利の変更が生じた場合には，当社グループの事業，経営成績及び財政状態に影響を及ぼす可能性があります。

加えて，同社は，独自のATMネットワークを有していないため，ATMの利用に関わる契約を締結している他の金融機関との関係が悪化した場合又はこれらの業務若しくは関連するシステムに障害が生じた場合には，当社グループの事業，経営成績及び財政状態に影響を及ぼす可能性があります。

3）　楽天証券株式会社，楽天ウォレット株式会社

楽天証券株式会社は，金融商品取引法に基づく金融商品取引業の登録等を行っており，金融商品取引法及び同法施行令等の関連法令諸規則等の適用を，楽天ウォレット株式会社は，資金決済法に基づく暗号資産交換業者の登録等及び金融商品取引法に基づく金融商品取引業の登録等を行っており，同法及び同法施行令等の関連法令諸規則等の適用を受けています。これに対し各社は，定期的なモニタリング，内部監査等の内部統制の取組を実施しており，法令等を遵守しています。また，法令等により一定の自己資本規制比率を保つよう義務付けられており，一定の財政状態を健全に保つように努めています。しかしながら，同社の取組が期待どおりの成果を発揮しなかった場合，及び最低自己資本規制比率を下回る場合には，金融庁から営業の全部又は一部の停止を含む行政上の措置が課される可能性があります。

また，各社は，適切な収益確保のため，競合他社の動向調査を行い，収益の維持に努めています。しかしながら，更に競争環境が激化した場合には，新たな収益源となりうる商品やサービスの拡充が求められます。これらの取組の結果が期待どおりの効果を得られなかった場合には，同社の収益性が悪化し，また，各国の金融政策の変更等がきっかけとなり，金融市場の混乱・低迷による投資家心理の悪化等が生じた場合には，同社の手数料収益が大幅に減少する可能性があり，当社グループの事業，経営成績及び財政状態に影響を及ぼす可能性があります。

4）　楽天損害保険株式会社，楽天生命保険株式会社

楽天損害保険株式会社，楽天生命保険株式会社は，保険業法その他関連

法令諸規則等に基づく金融庁の監督を受けています。主として契約者保護を目的とした保険業法その他関連法令により，業務範囲及び資産運用方法の制限を受け，また，準備金の積み立て，ソルベンシー・マージン比率の維持等に関する規定が定められています。また，両社は，財務の健全性をより正確に把握するための指標として，経済価値ベースのソルベンシー比率（ESR:Economic Solvency Ratio）を導入しています。両社は，社内規程等を整備し，ソルベンシー・マージン比率及び経済価値ベースのソルベンシー比率についてのリスク許容度の設定やモニタリング管理を行っており，適宜対応できる体制を整備しています。しかしながら，何らかの要因により，業務運営，資産運用上の諸前提に大きな乖離が生じる等して，当該比率を適切に維持できず金融庁からの行政処分等が行われた場合には，当社グループの事業，経営成績及び財政状態に影響を及ぼす可能性があります。

楽天損害保険株式会社は，自動車保険，火災保険等，楽天生命保険株式会社は，定期保険や医療保険等を販売し，保険契約者からの保険料収入及びそれを原資とした資産運用による収益を主な収入源としており，商品の拡販のため各種施策等の実施や保有契約の継続率向上に努めています。しかしながら，経済環境の悪化等の原因により，新規契約の減少，想定を超えた中途解約の増加等により，保有契約の著しい減少が生じた場合には，当社グループの事業，経営成績及び財政状態に影響を及ぼす可能性があります。また，資産運用に関しては，リスク許容度に応じたリスクの限度額管理を行うことで適切なリスク管理に努めていますが，保有する国内外の有価証券等について想定を超える価格変動等が生じた場合には，当社グループの事業，経営成績及び財政状態に影響を及ぼす可能性があります。

更に，大規模な自然災害の発生やパンデミックに備え，再保険の活用，異常危険準備金の積み立て等を行っていますが，想定を超える頻度及び規模の保険金支払が生じた場合には，当社グループの事業，経営成績及び財政状態に影響を及ぼす可能性があります。

5）楽天ペイメント株式会社，楽天Edy株式会社

楽天ペイメント株式会社，楽天Edy株式会社は，QRコード決済，電子マネー

決済，ポイント決済等のキャッシュレス決済サービスを提供しています。また，楽天Edy株式会社は資金決済法に基づく前払式支払手段発行者及び資金移動業者の登録等を行っており，同法及び同法施行令等の関連法令諸規則等の適用を受けています。これらに対し各社では，リスク管理のための定期的なモニタリング，内部監査等の内部統制の取組，顧客資産の保全を法令やガイドラインに定められた内容に沿って実施しており，法令等を遵守しています。しかしながら，何らかの理由で関連業法等に違反した場合には，金融庁から営業の全部又は一部の停止を含む行政上の措置が課される可能性があり，当社グループの事業，経営成績及び財政状態に影響を及ぼす可能性があります。

キャッシュレス決済サービスに関連するシステムに障害や不正アクセス等が発生した場合には，楽天ペイメント株式会社，楽天Edy株式会社ひいては当社グループのセキュリティに対する信頼性及びレピュテーションが低下し，ユーザー及び取引先の離反を招く可能性があります。特に，新型コロナウイルス感染症の拡大以降，日本国内における，キャッシュレス決済の認知，利用頻度は高まり，クレジットカード同様，社会インフラの一つとして認識されているため，より一層高い信頼性が求められます。両社は，キャッシュレス決済関連システムの障害発生及び不正アクセスを防ぐため，システムの冗長構成（バックアップ体制の構築），セキュリティの強化等に努めていますが，かかる取組が期待どおりの効果を得られなかった場合には，当社グループの事業，経営成績及び財政状態に影響を及ぼす可能性があります。

(3) モバイルセグメント

① モバイル事業

1) 法的規制等

楽天モバイル株式会社が提供する通信サービスは，日本及び今後事業展開を予定する各国において，通信事業に関する法令，安全保障に関する制約，事業・投資に係る許認可等，規制の改廃，政策決定等により，直接又は間接の影響を受ける可能性があります。また，同社は，電気通信役務の円滑な提供のために他の電気通信事業者の通信設備と同社の通信設備を相互接続するため相互接続協定を結んでいます。現在，電気通信設備を有する者は他事業者に対して原則として接続義務を有していますが，電気通信事業法等の改正等により，接続義務の撤廃や緩和等の措置が取られ，同社の負担すべき使用料，相互接続料等が増加する等，同社にとって不利な形で条件変更がなされる可能性があります。

同社は当社グループと協働し，日本及び今後事業展開を予定する各国の通信事業に関する法令諸規則等の改廃，政策決定等の動向を注視し，適宜，弁護士等をはじめとする外部専門家及び当局に事前相談すること等により，必要な情報を早期収集するとともに当該動向に適合するようすみやかに運用方法を変える等しかるべき対応策を講じ，またそれら対応策の実施状況をモニタリングしています。このように必要な対応策を講じ，リスクの軽減に努めていますが，これらのリスクが現実化する時期を完全に予測することは困難であり，また完全に回避できる保証はなく，これらの法令等の改廃，政策決定等の動向により，同社のサービスの提供に制約等を受け又は不測の費用が発生する可能性があります。また，同社がこれらの法令等に違反する行為を行った場合には，行政機関から行政処分等を受ける可能性があります。かかる場合，当社グループの信頼性の低下，事業展開の制約等が生じ，当社グループの事業，経営成績及び財政状態に影響を及ぼす可能性があります。

また，事業の拡大に伴い，取引先によるものを含め，法令違反や不正行為等のリスクも高まり，2022年には，同社の元従業員及び複数の取引先が共謀し，過去複数年にわたり，同社に対する費用の水増しや虚偽報告等により多額の不正な利益を得ていたことが社内調査により判明しました。同社及び当社グループでは社内調査，内部管理体制の強化，利益相反・接待贈答を含む社内規程の整備と周知及びコンプライアンス教育を徹底し，グループ全体でかかる事案を含む重大な法令違反や不正行為等の未然防止及び再発防止に努めています。しかしながら，同社及び当社グループのみならず取引先に起因するものも含むコンプライアンスに関するリスクは完全に排除できるものではなく，同社及び当社グループがこれらのリスクに対処できない場合には，行政機関からの行政処分や金銭的な損失及び損害の発生により，同社及び当社グループの事業，経営成績及び財政状態に影響を及ぼす可能性があります。

2) 他事業者との競争，市場及び事業環境

本事業の市場は，強固な顧客基盤を有する他の移動体通信事業者（MNO）及び仮想移動体通信事業者（MVNO）との価格競争等が生じています。また，各社が提供するサービスの同質化が進み，通信事業者が新たな収益の確保に向けて通信以外のサービスへ事業領域を拡大する等，事業環境は大きく変化しています。そのような事業環境の中，同社は独自の革新的な技術を用いた仮想無線ネットワークの実現により，安価で高速な通信環境を生かし通信サービスをユーザーに提供しています。また，当社グループの「楽天エコシステム」を生かし，当社グループのほかの魅力的なサービスへアクセスを容易にすることにより，競合他社と差別化を図り，ユーザーの獲得を図っています。しかしながら，かかる施策を推進しても，当社グループが提供する優位性を生かせず，逆に競合他社が既存の優位性に加え，安価な通信サービス等を展開することにより，同社において新規ユーザーの獲得及び維持が困難になり，同社及び当社グループが，期待どおりにサービス及び関連商品を提供できない可能性があります。

かかる状況の下，前述の施策によっても他通信事業者との競争に対抗しきれない場合には，計画どおり収益を獲得できず，同社及び当社グループの事業，経営成績及び財政状態に影響を及ぼす可能性があります。

3) 設備・機器

同社による移動体通信事業者（MNO）サービスの拡大及び品質向上に向けて，基地局及び伝送・交換等を行う通信設備を設置するための地権者との協議，通信ネットワークを構築するための他通信事業者が保有する通信回線設備との連携，通信機器やネットワーク機器，携帯端末の調達等を行っていますが，これらの協議等が計画どおりに進まない場合には，同社及び当社グループにおいて当該サービスを計画どおりに拡大できず，追加費用が発生するほか，通信機器の売上が減少する等，同社及び当社グループの事業，経営成績

及び財政状態に影響を及ぼす可能性があります。

4) 安定的な通信サービスの提供

同社は，通信という社会インフラを提供する社会的使命を認識し，安定的な通信サービスの提供に努めています。また，危機管理基本方針を定め，それに基づき事業継続計画（BCP）を策定し，危機発生時の初動対応，重要業務の継続及び早期復旧に対応できるよう努めるとともに，地方自治体等と協定を締結し，大規模災害に備えた連携体制を構築しています。同時に，ネットワークの品質とセキュリティ向上に努め，外部からの攻撃への対応策を実施しています。しかしながら，同社の想定を大きく上回るサイバー攻撃等の外部からの攻撃，自然災害・事故等による通信障害等の不測の事態が発生する可能性を否定することはできず，万が一，これらが発生した場合には，サービス提供の制約又は一時的な停止を余儀なくされ，当社グループの事業，経営成績及び財政状態に影響を及ぼす可能性があります。

また，同社は参入当初より「携帯市場の民主化」を掲げ，つながりやすいモバイル通信サービスを実現する上で欠かせない周波数であるプラチナバンドの早期割当てに向け，総務省内の電波政策に関する各種議論に参加しています。プラチナバンドの再割当てが実現した場合には，同社のネットワーク技術及び既存の当社基地局サイトを活用し，柔軟かつコストを抑えた効率的な基地局設置を行い，安定的かつ高品質なサービスの提供が可能になります。しかしながら，新規参入事業者への再割当てには競合他社からの反対も根強く，同社の期待どおりに実現できない場合には，同社及び当社グループの事業，経営成績及び財政状態に影響を及ぼす可能性があります。

更に同社は，低軌道衛星を活用したモバイル通信の実現に向け，通信試験・事前検証用の実験試験局予備免許を取得し，実験試験局免許の付与を受け次第，日本国内における低軌道衛星を活用したモバイル通信試験及び事前検証を実施します。今後も，楽天回線エリアの拡大や通信品質の向上に努め，顧客にどこでも快適で利便性の高い通信サービスをご利用いただけるよう取り組んでいますが，事前検証の結果次第では，当初の予定どおりのスケジュールでのサービス提供ができず，同社及び当社グループの事業，経営成績及び財政状態に影響を及ぼす可能性があります。

5) 第三者との提携等

同社では，自社の基地局及び伝送・交換等を行う通信設備の拡充を行っていますが，地域によっては，同社が他の電気通信事業者（ローミング事業者）の回線を使用して，そのサービス（ローミングサービス）を提供しています。同社は現在，ローミングへの依存度を低減する過程にありますが，自社の基地局及び通信設備の拡充の状況を地域ごとに勘案し，ローミング事業者との提携の継続要否に関する協議を行い，安定的なサービス提供に努めています。しかしながら，何らかの理由により，提携するローミング事業者が回線の利用料を引き上げた場合，同提携が終了するに至った場合又は当該ローミング事業者の通信設備が自然災害等により利用が困難になった場合には，同社が提供するサービスの変更を余儀なくされる又はサービス提供に支障をきたす可能性が否定できません。かかる場合，当社グループの事業，経営成績及び財政状態に影響を及ぼす可能性があります。

6) グローバル事業

当社グループは，楽天シンフォニー株式会社を通じ，4G及び5G用のインフラ並びにプラットフォームソリューションを世界市場に提供しています。1&1AG（本社：ドイツ）と締結した長期的なパートナーシップのもと，両社は，革新的なOpenRAN技術に基づく，欧州初となる完全仮想化モバイルネットワークを構築します。しかしながら，同社のビジネスモデルは収益化まで時間を要し，また複数国間の企業を結合した組織となるため，カントリーリスクの発現等予期しえない事象により，取組が遅延し，当社グループの事業，経営成績及び財政状態に影響を及ぼす可能性があります。

楽天シンフォニー株式会社は，政府機関，通信事業者や企業向けにグローバル展開することを目指し，コスト管理を行いつつ期待される製品の性能を満たすよう開発に努めています。しかしながら，技術上又は顧客のニーズの変化等の理由により，同社が開発計画を変更する必要が生じ，開発工数が増加した結果，開発遅延を引き起こす可能性があります。また，顧客に保証したサービス品質を達成できないことで損害賠償請求がなされたり，知的財産等に関する訴訟等の法的紛争が発生する可能性があります。加えて，第三者から知的財産権のライセンス等を取得する必要が生じる可能性もあります。これらの事情により，当初計画より多額の費用が発生した場合，当社グループの事業，経営成績及び財政状態に影響を及ぼす可能性があります。なお，同社においては戦略的パートナーとのビジネス上のパートナーシップに加え，資本等の受け入れの検討も進めていますが，事業環境等の変化によりそれらが予定どおり進捗しない場合には，同社及び当社グループの事業，経営成績及び財政状態に影響を及ぼす可能性があります。

② エネルギー関連事業

楽天エナジー株式会社が行う電力小売事業は，卸電力取引市場で電力を調達しているため，電力調達価格の価格変動リスクを負っています。

同社は，卸電力取引市場での電力調達価格の変動に備えるため，電力調達の一部を固定価格で電力調達契約を締結しています。しかしながら，電力調達価格の価格変動リスクを完全に回避できる保証はなく，卸電力取引市場における電力取引価格の変動により同社の電力仕入価格が高騰する等の事態が発生した場合には，当社グループの事業，経営成績及び財政状態に影響を及ぼす可能性があります。

③ チケット事業

当社グループでは，コンテンツ関連事業として前述のインターネットサービスセグメント及びモバイル事業で展開するデジタルコンテンツサービスに加えて，チケット事業を行っています。

新型コロナウイルス感染症の流行により，政府からのイベント自粛要請等に従って，全国規模で興行・イベントの中止・延期が相次ぎ，多くのチケットの払い戻し費用が発生しました。復調の兆しはあるものの，今後の興行・イベントの開催可否はいまだ不透明です。対応策として，無観客又は動員数を制限したライブのオンラインチケット販売等，オンライン型への対応や，グループ収益を最大化するべく他事業と連携した包括提案による案件獲得を実行しています。また，新たな収益源として，スマートゲート等のオンラインチケット販売と入場時の自動認証機を連携させた完全非接触型のワンストップ・チェックイン・ソリューションの提供を通じて，業界におけるアフターコロナ時代への対応もサポートしています。しかしながら，今後も新型コロナウイルス感染症の流行動向により興行・イベントの企画自体が減少し，計画された興行・イベントの中止・延期が発生する事態となった場合には，当社グループの事業，経営成績及び財政状態等に影響を及ぼす可能性があります。

5　事業運営に伴うその他リスク

(1)　情報セキュリティに関するリスク

①　個人情報に関するリスク

当社グループは，『楽天市場』に代表される，当社グループが提供する全てのサービスの利用にあたり，ユーザーに「楽天ID」を付与し，当社グループがそのデータを保有して，国内外において多岐にわたる事業展開をしています。当社グループは，「楽天ID」をユーザーの氏名及び住所と結びつけられた個人情報として取り扱っており，当社グループの各種ハードウエア，ソフトウエア等の情報システムからなる情報資産とともに，事業展開をする上で不可欠な資産であると認識しています。したがって，当社グループでは，全てのユーザーが安心して当社グループのサービスを利用できることを最優先とし，情報セキュリティ体制及び個人情報の保護の観点から，情報セキュリティマネジメントシステム（ISMS）の確立及びクレジットカードを含むペイメントカードを取り扱うビジネスにおいては，カード会員データのセキュリティに関する国際標準であるPCIDSS（Payment CardIndustry Data Security Standard）への準拠を徹底しています。

また，当社グループでは，各国で展開するビジネスにおいて，その国の個人情報保護に関する法令に準拠することを徹底しています。特に，GDPR（General Data Protection Regulation）への準拠を図るべく，拘束的企業準則（Binding Corporate Rules：BCR）と呼ばれる世界水準のプライバシー保護基準を導入し，欧州のデータ保護機関の正式な承認を受けています。

国内においては，当連結会計年度に，令和２年改正個人情報保護法への対応を行いました。加えて，一部の当社グループ会社は，日本工業規格

「JISQ15001個人情報保護マネジメントシステム—要求事項」に適合し，個人情報について適切な保護措置を講じる体制を整備している事業者として，外部機関から認定され，プライバシーマークの付与を受けています。

しかしながら，各国の個人情報管理に関する法令，グローバルなデータの移管に関する法令，情報セキュリティに関する法令等，プライバシー関連法令等は，ますます高度で複雑になっています。これらに適時適切に対応できず，当該法令等に違反した場合には，レピュテーションリスクの発生，業務停止命令，訴訟等を含む紛争に発展する可能性があります。また，プライバシー関連法令及び企業の自主的な規制強化への対応が円滑に行えない場合には，当社グループのデータ活用ビジネス及び収益に影響する可能性があります。

これらのリスク発生回避のため，当社グループでは前述の取組のほか，社内規程の整備，プライバシー関連法令の周知及び社内教育を行っています。また，連絡，相談体制の整備により，違反リスクの早期発見等に努めるとともに，関係部署とプライバシー担当部門との緊密な連携を図ることで法令等の内容を情報システム及び業務に迅速，的確に適用するように努めています。しかしながら，かかるリスクが現実化した場合には，当社グループに対する社会的信用が毀損され，ユーザー及び取引先の離反，補償費用の発生等により，当社グループの事業，経営成績及び財政状態に影響を及ぼす可能性があります。

② サイバーセキュリティに関するリスク

当社グループのサービスの多くはコンピュータシステムを結ぶ通信ネットワークを通じて提供されています。そのためネットワーク若しくはコンピュータシステム上のハードウエア又はソフトウエアの不具合，欠陥，コンピュータウイルス・フィッシングメール等によるマルウエア，外部からの不正な手段による当社グループのコンピュータシステム内への侵入等の犯罪行為等により情報システムの可用性又は情報の機密性及び完全性を確保できず，サービスの不正な利用，重要なデータの消失及び不正取得等が発生する可能性もあります。

これらのリスク発生の回避又は低減のため，監視体制を強化するとともに，技術的，物理的にも各種対応策を講じていますが，かかるリスクが現実化した場合には，当社グループに対する社会的信用が毀損され，ユーザー及び取引先の離反を招くのみならず，損害賠償請求等がなされる可能性のほか，監督官庁から行政処分等を受ける可能性があり，当社グループの事業，経営成績及び財政状態に影響を及ぼす可能性があります。

③ 営業秘密等の情報漏洩に関するリスク

当社グループは，役職員や業務委託先等の業務遂行上の不備，アクセス権等の悪用等により当社グループにおける営業秘密等の情報が漏洩するリスクがあります。それにより漏洩した営業秘密等が外部の第三者に悪用される又は競合他社に利用された場合には，当社グループの収益機会が喪失する可能性があります。かかるリスク発生の回避又は低減のため，役職員や業務委託先等への教育，啓発活動を行うほか，管理体制を定め，監視体制を強化するとともに，技術的，物理的にも各種対策を講じています。しかしながら，かかるリスクが現実化した場合には，当社グループに対する社会的信用が毀損され，ユーザー及び取引先の離反を招くのみならず，損害賠償請求等がなされる可能性のほか，監督官庁から行政処分等を受ける可能性があり，当社グループの事業，経営成績及び財政状態に影響を及ぼす可能性があります。

(2) 情報システムに関するリスク

当社グループのサービスの多くは，コンピュータシステムを結ぶ通信ネットワークを通じて提供されています。当社グループは，適用できうる限りの最新の技術と対応を行い通信ネットワークが正常に機能し，サービスの提供に支障がないよう努めています。しかしながら，かかる対応策によっても通信ネットワーク若しくはコンピュータシステム上のハードウエア又はソフトウエアの不具合，欠陥といった当社グループの情報システムに脆弱性又は不備が生じる可能性があります。加えて，人的な業務過誤により正常なサービスの提供に支障が生じる可能性があるほか，当社サービスの不正な利用，重要なデータの消失，機密情報の不正取得，改ざん及び漏洩等が発生する可能性もあります。

これらのリスク発生の回避又は軽減のため，監視体制を強化するとともに，技術的，物理的にも各種の対応策を講じていますが，かかるリスクが現実化した場合には，当社グループのシステムが一時的に停止する等の事態が発生し，ユーザー及び取引先の信頼低下及び離反を招くのみならず，システム停止によってユーザー及び取引先が被った損失に対する損害賠償請求等がなされる可能性もあります。また，監督官庁からの行政処分等を受ける可能性もあり，かかる場合，当社グループに対する社会的信用が毀損され，当社グループの事業，経営成績及び財政状態に影響を及ぼす可能性があります。

(3) 法規制等に関するリスク

① 法令・コンプライアンスに関するリスク

当社グループは，国内外において多岐にわたる事業展開をしています。各国，地域において，各種事業活動に関連する法令諸規制等があり，前述のフィンテックセグメント及びモバイルセグメントの各項目に記載した法令諸規制等のほか，電気通信事業，運送業，資金移動業を含む各種業法令はもちろん，個人情報・プライバシー保護，消費者保護，公正競争，汚職禁止，マネーローンダリング及びテロ資金供与並びに経済制裁，自然環境，労働環境，犯罪防止，開示，納税の適正，人権，輸出入，投資，為替に関する国内外の各種法令諸規制等が広く適用されます。中でも，「デジタルプラットフォーム事業者に対する規制」，各国の個人情報管理に関する法規制，グローバルなデータの移転に関する法規制及び情報セキュリティに関する法規制等は，特に当社グループの事業運営に影響を及ぼす最も重要な法令諸規制等と認識しています。

こうした関連諸法令の制定及び改正，新たなガイドラインや自主的ルールの策定又は改定等により，当社グループの事業が新たな制約を受けた場合又は既存の規制が強化された場合には，当社グループの事業，経営成績及び財政状態に影響を及ぼす可能性があります。

当社グループでは法令遵守を重要な企業の責務と位置づけ，COO（Chief Operating Officer），CCO（Chief Compliance Officer）及び社内カンパニー制に基づくCompany Compliance Officerによりコンプライアンスに対するグループ横断的な取組を進め，グループリスク・コンプライアンス委員会及び取締役会へその取組状況を報告し，適正な職務執行を徹底するとともに，代表取締役社長直轄の独立組織である内部監査部及び子会社の内部監査部門による内部監査を実施し，コンプライアンス体制を強化して法令遵守の徹底を図っています。

また，急激に事業拡大している分野においては，故意又は過失による法令違反や，不正行為等のリスクも高まりますが，規程・マニュアル類の整備，教育，その遵守状況のモニタリング等により，コンプライアンス遵守を図っています。

しかしながら，コンプライアンスに関するリスク（監督官庁の見解と当社グループの見解が異なるリスクを含む）及びそれに付随して当社グループの社会的信用が毀損されるリスクは完全に排除できるものではなく，当社グループのみならず取引先に起因するものを含め，当社グループがこれらのリスクに対処できない場合には，行政機関からの行政処分や，金銭的な損失及び損害の発生により，当社グループの事業，経営成績及び財政状態に影響を及ぼす可能性があります。

② 訴訟等に関するリスク

当社グループは，各種サービスの展開を図る上で，販売者又は役務提供者，購入者又は役務利用者，その他のユーザーによる違法行為及びトラブルに巻き込まれた場合，システム障害等によって販売者又は役務提供者，購入者又は役務利用者その他のユーザー又は消費者に対し損害を与えた場合，当局による諸規制等に違反した場合には，当社グループに対して訴訟を提起される可能性及びその他の請求や行政処分や高額な課徴金の支払命令を受ける可能性があります。楽天モバイル株式会社，Rakuten KoboInc. が販売する携帯端末，電子書籍端末等については，それらグループ会社がメーカーの立場及び第三者に製造を委託している立場として製造物の欠陥等に伴う製造物責任等を負う可能性があります。また，新たに発生し又は今まで現実化しなかったビジネスリスクによって，現時点では予測できない訴訟等が提起され，その結果，高額な損害賠償金の支払義務を負う可能性があります。一方，当社グループが第三者に何らかの権利を侵害される又は第三者の行為により損害を被った場合には，当社グループの権利が保護されない可能性及び当社グループの権利保護のための訴訟等の遂行に多大な費用を要する可能性もあります。

当社グループでは，適宜，弁護士等をはじめとする外部専門家及び当局に事前相談すること等により，適切かつ適法なサービスの提供に努めていますが，全ての訴訟等の可能性を排除することは困難であり，かかるリスクが現実化した場合には，その訴訟等の内容又は請求額によっては特別損害が発生し，また，当社グループの社会的信用が毀損され，ユーザー及び取引先の離反を招く可能性があり，ひいては当社グループの事業，経営成績及び財政状態に影響を及ぼす可能性があります。

(4) 有形固定資産に関するリスク

当社グループは，モバイル事業の通信ネットワークの構築に必要な設備等をはじめとする有形固定資産を保有しています。これらの資産については，四半期ごとに減損の兆候の有無を判断し，減損の兆候が存在する場合には，当該資産の回収可能価額の見積りを行っています。回収可能価額の見積りは，将来キャッシュ・フロー予測等を使用しており，回収可能価額が帳簿価額を下回る場合には，減損損失を認識しています。将来の事業環境の変化等により，将来キャッシュ・フローの低下が見込まれる場合には，当社グループの経営成績及び財政状態に影響を及ぼす可能性があります。

(5) 無形資産に関するリスク

① 「Rakuten」ブランドの保全と推進に関するリスク

当社グループは，多様なサービス展開，広告宣伝活動等を通じて「Rakuten」ブランドの確立を図っており，そのユーザー等に対して一定の認知が得られているものと認識しています。事業規模の更なる拡大等に伴い，各サービスブランドの「Rakuten」ブランドへの統合推進，会員データベースの一元化，リワードプログラムの共通化を媒介とした会員IDの統合等を推進しています。ブランドの強化による認知度，又はロイヤリティ向上のための施策並びに費用については事前に十分な計画を立てていますが，思うような成果が現れず計画比で費用が超過する可能性もあります。また，これらの施策の過程においてブランド名称やロゴ，会員IDの変更により既存会員のロイヤリティの低下及び会員組織からの離脱を招く可能性もあります。更に，「Rakuten」ブランド傘下のブランド統合により，各サービスブランドの施策が当社グループ全体に影響を与えるため，一つのサービスブランドにおいて，当社グループのブランドの信頼性及びブランド価値を毀損するような事案等が発生した場合には，当社グループ全体に影響を及ぼし，当社グループの事業，経営成績及び財政状態に影響を及ぼす可能性があります。

② **知的財産権に関するリスク**

当社グループが展開するいずれの事業においても技術分野における進歩及び変化が著しいため事業展開を行う各国において自社グループの技術，ブランド，コンテンツ等を保護することが継続的な事業運営に必要不可欠であると考えています。そのため，特許権，商標権，著作権，ドメインネーム及びその他の知的財産権を取得するよう努めるとともに，必要に応じて第三者から知的財産権のライセンスを受けています。

しかしながら，想定どおりに知的財産権を取得できないことで，当社グループが使用する技術，ブランド及びコンテンツ等を保護できない可能性があります。また，第三者から知的財産権等の侵害を主張されることで，当該主張に対する防御又は紛争の解決のための費用又は損失が発生する可能性，知的財産権のライセンスの取得等のために多額の費用が発生する可能性及び当社グループの事業が差し止められ，多額の損害賠償金が課せられる可能性等があります。

これらのリスクの発生を回避するため，当社グループにおいては，特許権，商標権，著作権，ドメインネームその他の知的財産権の積極的な取得及び第三者の権利侵害を回避するための対応策の実施を進めています。しかしながら，かかる対応策にもかかわらず，リスクが現実化した場合には，当社グループの事業，経営成績及び財政状態に影響を及ぼす可能性があります。

③ **人的資源に関するリスク**

当社グループでは，各サービス分野において専門性及び多様性（ダイバーシティ）を有する人材が必要であり，今後とも事業拡大及び国際展開に応じて，継続してグローバルに人材を確保，育成すること及びダイバーシティを実現することが必要です。更に，日本においては少子高齢化や労働人口の減少が進行していることを踏まえ，市場ニーズの変化による採用，生産性の向上や採用した人材の定着（リテンション）及びマネジメント層の育成も継続した課題と認識しています。

当社グループでは，月次の人員計画の更新，運用を実施し，その変動を注視しつつ採用チャネルの多様化，リクルーターの増員等を行い，採用活動を行っています。加えて，採用した人材に対する職階に応じた教育・研修の実施等を通じて，人材育成や当社グループへのエンゲージメントの強化に取り組んでいます。マネジメント層の育成では，当社グループ内で実施するリーダーシップサミット等で当社グループのマネジメント層同士が議論する機会を設け，グループ横断的な連携及びリーダーシップの強化を図っています。しかしながら，かかる施策にもかかわらず，競合他社との人材獲得競争の激化により採用が計画どおりに進まなかった場合，並びに人材の育成及び多種多様な人材が活躍できる就労環境の整備が順調に進まず，在職する人材の社外流出が生じた場合には，労働力が不足し，労働生産性が低下する恐れがあり，当社グループの事業，経営成績及び財政状態に影響を及ぼす可能性があります。

また，当社代表取締役会長兼社長である三木谷浩史氏は，当社グループの創業者であり，創業以来CEOとして当社グループの経営に携わり，重要な役割を果たしているため，同氏の離職又は業務執行が困難となる不測の事態が生じた場合には，当社グループに影響を与える可能性があります。当社グループは社内カンパニー制を敷き，職務権限表に基づき各カンパニーごとにカンパニープレジデントを設置し，また執行役員制度を採用して適切に業務遂行の権限委譲を行っています。更に，グローバルで多岐に渡る当社グループの事業展開を担うことができる人材の育成も行い，同氏が離職又は業務執行が困難となった場合のリスクを低減しています。しかしながら，かかるリスクが顕在化した場合には，当社グループの事業，経営成績及び財政状態に影響を及ぼす可能性があります。

(6) マーケットに関するリスク

① 金利変動及び有価証券，金銭信託等の価格変動に関するリスク

当社，楽天カード株式会社，楽天銀行株式会社，楽天証券株式会社等では，必要な事業資金について銀行等からの借入等を行っていますが，当該事業資金の調達が金利変動の影響を受ける可能性があります。

また，当社グループは有価証券，金銭信託等の金融商品を多く保有しており，これらの有価証券等は金融商品市場の動向等により価格が変動する可能性があります。一部の有価証券等は，価格変動のリスクを低減するためデリバティブ取引等を活用していますが，完全にリスクを回避及び低減できる保証はなく，金融商品市場における価格変動により，当社グループの事業，経営成績及び財政状態に影響を及ぼす可能性があります。

② 為替変動に関するリスク

当社グループが行う外貨建投資及び外貨建取引においては，経済動向を注視しつつ，為替変動リスクを極力回避する方針としています。しかしながら，当社グループの海外関係会社の業績，資産及び負債は，現地通貨で発生したものを円換算し，連結財務諸表を作成しているため，為替変動による影響を完全に排除することは困難であり，外国為替相場の変動により当社グループの事業，経営成績及び財政状態に影響を及ぼす可能性があります。

(6) 財務・資金に関するリスク

① 資金調達に関するリスク

当社グループが，金融機関等と締結しているローン契約，コミットメントライン契約等の借入に係る契約に，財務制限条項が規定されている場合があり，当社グループの経営成績，財政状態又は信用力が悪化した場合には，これらの条項に基づき金融機関等から既存借入金の一括返済，金利及び手数料率の引上げ，担保権の設定等を迫られる可能性があります。また，当社グループの信用力の悪化により格付機関による信用格付が引き下げられた場合及び金融市場の状況等に起因して金融機関等における調達環境が悪化し，当社グループに対する貸出条件，社債発行条件等に影響する場合には，当社グループにとって好ましい条件で適時に資金調達をできる保証はなく，当社グループのサービス展開の制約要因となる可能性があります。当社グループは金融機関，格付機関，資本市場等との良好な取引関係の維持，調達先の分散，調達手段の多様化等により，かかるリスクを極力低減するように努めますが，かかるリスクが顕在化した場合及び金融市場が不安定な場合には，当社グループの事業，経営成績及び財政状態に影響を及ぼす可能性があります。

② **繰延税金資産に関するリスク**

当社及び一部の連結子会社においては，IFRSに基づき，将来における税金負担額の軽減効果を繰延税金資産として計上しています。当社グループは，将来の課税所得と実行可能なタックス・プランニングをし，回収可能な繰延税金資産を計上していますが，将来課税所得の見積りが下方修正されたことに伴い当社及び連結子会社における繰延税金資産の一部又は全部の回収ができないと判断された場合若しくは税制及び会計基準の変更が行われた場合には，当該繰延税金資産は減額され，その結果，当社グループの経営成績及び財政状態に影響を及ぼす可能性があります。

(8) 自然災害等の危機的な事象発生に関するリスク

地震，台風，津波等の自然災害，パンデミック，大規模事故，テロ・暴動その他予期せぬ危機的な事象が発生した場合には，当社グループの事業，経営成績及び財政状態に影響を及ぼす可能性があります。

これらの災害及び危機的な事象が発生した場合には，社会全体の経済活動が停滞し，当社グループの提供するサービスへの需要が著しく減少する可能性があります。一方，災害等の態様によっては急激にその需要が増加することも想定され，それが当社グループの業務対応能力を超えた場合には，サービスの提供等が遅延又は一時停止する可能性があります。また，当社グループの営業及び物流拠点，データセンターをはじめとする主要な拠点が，これらの災害及び危機的な事象により直接的又は間接的に被害を受けた場合には，物理的，人的被害による影響により，通信ネットワークや情報システム等が正常に稼働せず，当社グループの事業活動に制約が生じ，やむを得ずサービスの一時停止を余儀なくされる可能性があります。加えて役職員の安全確保のため，役職員の出勤制限又は停止等，業務の運営形態を変更せざるを得ない状況に陥ることにより，業務生産性が低下し，情報セキュリティ及びプライバシー保護に関するリスクが，一時的に上昇する可能性があります。

当社グループにおいては，これらの災害及び危機的な事象が発生した場合に備え，事業継続計画（BCP）を策定し，訓練等を通じ役職員の安全性の確保や情報システムのバックアップシステムの立ち上げを想定する等，かかるリスクによる影響を最小限に留めるよう努めていますが，災害及び危機的な事象の発生規模がその想定を超える場合には，当該リスクが現実化し，事業の継続自体が困難又は不可能となり，当社グループの事業，経営成績及び財政状態に影響を及ぼす可能性があります。

(9) 気候変動に関するリスク

異常気象の発生や気候パターンの変化等，気候変動は地球環境や人類，企業活動に影響を与えるとともに，当社グループの事業，経営成績及び財政状態に影響を及ぼす可能性があります。気候変動に関するリスクは，物理的リスクと低炭素社会への移行に伴う各種規制拡大等の移行リスクに大別されます。

物理的リスクの一つとして，特定非常災害発生による事業への影響があります。例えば，自然災害等による損害を補償する各種保険商品を提供している楽天損害保険株式会社では，地球温暖化と密接な関係があると考えられる大規模自然災害等に関する保険金支払実績が増加していることから，気候変動による影響が高まっています。同社では，かかるリスクを最小化するために，保有する商品ポートフォリオに関して自然災害を含めたリスクを統合的に評価し，リスクの保有・移転等の意思決定を行います。大規模自然災害リスクについては，前述の「(8) 自然災害等の危機的な事象発生に関するリスク」に記載のとおり，異常危険準備金の積立を行うとともに，再保険スキームを年次で策定・更改してリスク移転を行っています。

一方，低炭素社会への移行リスクについて，法規制・テクノロジー・マーケット・レピュテーションそれぞれのリスクに対応する必要があります。その中でもマーケットに係るリスクについては，事業展開をする日本及び各国において資源価格が高騰することにより，電力調達コストが増加し財政状態に影響する可能性があります。当社グループの事業活動やインフラは大量の電力を消費しており，事業活動に伴い排出するCO2の90％以上が電力消費によるものであるため，当社グループにおいて特に重要と捉えています。グループ横断で省エネ活動を活発化させ，電力市場価格の変動に耐えうるエネルギーポートフォリオを構築することで，マーケットリスクに対するレジリエンスを高めていきます。これらのリスクに対し，当社は気候変動への対応の一環として，2023年までに連結子会社を含めた当社グループ全体の事業活動における温室効果ガス排出量を実質ゼロにする，カーボンニュートラルの達成を目指す宣言を2022年9月に行いました。これまでも当社は再生可能エネルギーの導入及び利用拡大に取り組んでおり，2019年に国際イニシアチブ「RE100（Renewable Electricity 100%）」に加盟し，2021年の進捗として，再生可能エネルギー由来電力の割合は，当社で100%を達成し，連結子会社を含むグループ全体でも20.6%に達しました。今後もグループ全体で再生可能エネルギー由来電力への転換を推進し，2023年グループ全体での「RE100」達成を目指すことにより，低炭素社会への移行を促進し，移行リスクの低減を図ります。

また，2021年，グループ全体での気候変動に関する取組を含めたサステナビリティ推進体制を強化するため，CWO（Chief Well-being Officer）を委員長とし，国内外の経営陣で構成されるグループ横断的な「サステナビリティ委員会」を設置しました。同委員会では，紐づく分科会からの報告・決議事項を中心に，目標と進捗の管理，国際的なガイドラインや法令の遵守等について協議を行い，定期的にコーポレート経営会議にて報告します。また，2022年1月より実務推進部署「環境部」を，サステナビリティ委員会下に公式会議体「環境分科会」をそれぞれ設置しました。月次で社内各組織向けに気候変動対策戦略の展開，具体的なアクションへの落とし込みを行っています。上記のとおり，気候変動リスクによる物理的リスク及び移行リスクの低減に努めていますが，想定を超える気候変動リスクが現実化し目標とする再生可能エネルギーへの転換の遅延や気候変動に対する社会からの要請が急速に進展しその対応が遅れた場合には，当社グループに対する社会的信用の毀損，ユーザー及び取引先の離反，収益機会の損失等につながり，当社グループの事業，経営成績及び財政状態に影響を及ぼす可能性があります。

（10） 事務・オペレーションリスク ……………………………………

① 財務報告に関するリスク

当社グループは，信頼性の高い財務報告を作成するため，金融商品取引法が定める内部統制報告制度に基づき，財務報告に係る内部統制を整備し，その評価を実施しています。しかしながら，当社グループの内部統制が適切に機能しない又は内部不正を阻止できない等，重要な不備が生じた場合には，当社グループの社会的信用が毀損され，ユーザー及び取引先の離反を招く可能性があり，当社グループの事業，経営成績及び財政状態に影響を及ぼす可能性があります。

② 業務効率に関するリスク

当社グループは，業務の正確性，効率性を高めるために，様々な取組を実施しています。具体的には，全従業員参加型の改善活動の実施，業務遂行過程における各種情報システムの活用，担当者以外の第三者が業務内容を二重に確認する再鑑制度の実施，社内規程及び事務手続きの標準化並びに文書化等に取り組んでいます。しかしながら，一部において専用の情報システムが導入されておらず，人的な対応に委ねられている業務もあり，役職員の誤認識，誤操作等により事務手続きの不備が発生する可能性があります。また当社グループの急速な拡大に伴う事務量の増加，新サービスの展開等により，業務遂行に必要な知識の共有及び継承が不十分になる可能性があります。それらの結果，事務手続きの不備の増加や生産性の低下により安定的なサービスの供給の妨げ，経済的な損失及び個人情報等の流出等に繋がる可能性があり，当社グループの事業，経営成績及び財政状態に影響を及ぼす可能性があります。

（11） 風評に関するリスク ……………………………………………

各種報道機関並びにSNS等を通じ，当社グループの事業及び役職員に関する様々な内容の報道及び情報の流布がされています。これらの報道及び情報の流布は，正確な情報に基づいていないもの及び憶測に基づいたものが含まれている場合があり，それらの内容の正確性や当社グループへの該当の有無に関わらず，当社サービスのユーザーや投資者等の認識又は行動に影響を及ぼす可能性があります。

当社の株価に重大な影響を与える可能性のある不明確な情報が発生した場合，東京証券取引所の注意喚起に応じ，これらの不明確な情報に対する当社グループの見解を直ちに開示する等，投資者が正しい情報に則って当社株式の評価ができるよう資本市場に適切な情報を開示します。また同時に，当社グループのコーポレートサイトを通じて適切な情報発信に努めています。しかしながら，かかる報道及び情報の流布により結果的に当社グループの社会的信用が毀損され，ユーザー及び取引先の離反を招く可能性があり，当社グループの事業，経営成績及び財政状態に影響を及ぼす可能性があります。

3　経営者による財政状態，経営成績及びキャッシュ・フローの状況の分析

(1)　経営成績等の状況

当社グループは，経営者が意思決定する際に使用する社内指標（以下「Non-GAAP指標」）及びIFRSに基づく指標の双方によって，連結経営成績を開示しています。

Non-GAAP営業利益は，IFRSに基づく営業利益（以下「IFRS営業利益」）から，当社グループが定める非経常的な項目やその他の調整項目を控除したものです。経営者は，Non-GAAP指標を開示することで，ステークホルダーにとって同業他社比較や過年度比較が容易になり，当社グループの恒常的な経営成績や将来見通しを理解する上で有益な情報を提供できると判断しています。なお，非経常的な項目とは，将来見通し作成の観点から一定のルールに基づき除外すべきと当社グループが判断する一過性の利益や損失のことです。その他の調整項目とは，適用する会計基準等により差異が生じ易く企業間の比較可能性が低い，株式報酬費用や子会社取得時に認識した無形資産の償却費等を指します。

(注)　Non-GAAP指標の開示に際しては，米国証券取引委員会（U.S. Securities and Exchange Commission）が定める基準を参照していますが，同基準に完全に準拠しているものではありません。

①　当期の経営成績（Non-GAAPベース）

当連結会計年度における世界経済は，一部の地域において弱さがみられるものの，緩やかな持ち直しが続いていますが，その先行きについては，世界的な金融引締めに伴う影響，中国における感染拡大，物価上昇等による下振れリスクの高まりに留意する必要があります。日本経済については，一部に弱さがみられるものの，個人消費を含め緩やかに持ち直しており，先行きについても，各種政策の効果もあって景気が持ち直していくことが期待されています。

ウィズコロナ下での世界では，非接触・非対面により，商品及びサービスを

購入することができるデジタルサービスの社会的需要が一層増していると当社は考えています。また，今般のウクライナ情勢については，当社グループの営業活動への影響は一定程度あるものの，ウクライナ及びロシア関連の売上収益の割合は僅少であるため，当社グループの経営成績及び財政状態に与える影響は限定的であると見込んでいます。

このような環境下，当社グループは，メンバーシップ及び共通ポイントプログラムを基盤にしたオンライン・オフライン双方のデータ，AI等の先進的技術を活用したサービスの開発及び展開を進めています。楽天モバイルにおいては，携帯電話基地局等を含む無線アクセスネットワークのマルチベンダー化を実現するOpen RANや仮想化技術によるvRAN等を，世界に先駆けて商用ネットワーク全体に導入し，また，楽天シンフォニーにおいては，通信事業者におけるネットワーク機器の構成を刷新する取組が進む中，『楽天モバイル』で実装したオープンで完全仮想化されたアーキテクチャを世界の通信各社に提案しています。今後も楽天エコシステムを更に進化させ，楽天グループの競争力を高めていきます。

インターネットサービスにおいては，インターネット・ショッピングモール『楽天市場』における共通の送料無料ライン導入等の顧客利便性向上の施策等の奏功により，コロナ禍における「巣ごもり消費」等を背景に増加した顧客の定着が進んだほか，国内旅行に対する需要が堅調に回復したこと等により，国内EC取扱高が伸長しました。フィンテックにおいては，各サービスにおける顧客基盤の拡大が続き，クレジットカード関連サービス，銀行サービス等において増収増益を達成しました。また，モバイルにおいては，通信料金収入の増加等により，前連結会計年度と比較して売上収益が拡大しました。

この結果，当社グループの当連結会計年度における売上収益は1,927,878百万円（前連結会計年度比14.6%増）となりました。モバイルにおいては，第1四半期連結会計期間をピークにセグメント損失は縮小していますが，自社基地局設置等の先行投資が継続中のため，Non-GAAP営業損失は325,645百万円（前連結会計年度は224,999百万円の損失）となりました。

（Non—GAAPベース）　（単位：百万円）

	前連結会計年度 （自2021年１月１日 至2021年12月31日）	当連結会計年度 （自2022年１月１日 至2022年12月31日）	増減額	増減率
売上収益	1,681,757	1,927,878	246,121	14.6%
Non-GAAP営業損失（△）	△224,999	△325,645	△100,646	－%

② Non-GAAP営業利益からIFRS営業利益への調整

当連結会計年度において，Non-GAAP営業利益にて控除される無形資産の償却費は10,484百万円，株式報酬費用は12,587百万円となりました。なお，前連結会計年度に計上された非経常的な項目には，Altiostar Networks,Inc.の完全子会社化に伴う段階取得に係る差益59,496百万円及び楽天ポイントの規約等の変更によるポイント引当金の増加に伴う費用8,789百万円等が含まれています。また，当連結会計年度に計上された非経常的な項目には，楽天ポイントの規約等の変更によるポイント引当金の増加に伴う費用，子会社の元従業員及び取引先の共謀による不正行為に関連する費用の見積額が含まれています（なお，後者は連結損益計算書においてその他の費用に含まれています）。

（単位：百万円）

	前連結会計年度 （自2021年１月１日 至2021年12月31日）	当連結会計年度 （自2022年１月１日 至2022年12月31日）	増減額
Non-GAAP営業損失（△）	△224,999	△325,645	△100,646
無形資産償却費	△9,321	△10,484	△1,163
株式報酬費用	△10,059	△12,587	△2,528
非経常的な項目	49,653	△15,176	△64,829
IFRS営業損失（△）	△194,726	△363,892	△169,166

③ 当期の経営成績（IFRSベース）

当連結会計年度における売上収益は1,927,878百万円（前連結会計年度比14.6%増），IFRS営業損失は363,892百万円（前連結会計年度は194,726百万円の損失），当期損失（親会社の所有者帰属）は372,884百万円（前連結会計年度は133,828百万円の損失）となりました。

（IFRSベース）　（単位：百万円）

	前連結会計年度 （自2021年１月１日 至2021年12月31日）	当連結会計年度 （自2022年１月１日 至2022年12月31日）	増減額	増減率
売上収益	1,681,757	1,927,878	246,121	14.6%
IFRS営業損失（△）	△194,726	△363,892	△169,166	−%
当期損失（△） （親会社の所有者帰属）	△133,828	△372,884	△239,056	−%

④　セグメントの概況

各セグメントにおける業績は次のとおりです。IFRS上のマネジメントアプローチの観点から，セグメント損益をNon-GAAP営業利益ベースで表示しています。

第２四半期連結会計期間より，本社管理部門と事業部門におけるポイント費用の集計方法を変更し，遡及適用しています。この変更に伴い，遡及適用前と比較して前連結会計年度のインターネットサービスセグメントにおける売上収益及びセグメント損益がそれぞれ4,197百万円減少しています。なお，連結上の売上収益，Non-GAAP営業損失，営業損失に与える影響はありません。

（インターネットサービス）

主力サービスである国内ECにおいては，流通総額及び売上収益の更なる成長を目指し，ロイヤルカスタマーの醸成や新規顧客の獲得のための販促活動，クロスユースの促進，共通の送料無料ラインの導入促進に加え，楽天エコシステムのオープン化戦略等に注力しました。インターネット・ショッピングモール『楽天市場』や食品・日用品の宅配サービスを行う『楽天西友ネットスーパー』等においては，こうした施策の結果，コロナ禍における「巣ごもり消費」の拡大に伴うオンラインショッピング需要の高まりを背景に増加した顧客の定着が進み，取扱高はコロナ禍における業績の押し上げの影響を受けた前連結会計年度と比較しても伸長しました。

インターネット旅行予約サービス『楽天トラベル』においては，政府による支援施策等の後押しや国内旅行の需要回復に合わせた販促施策等が奏功し，前連結会計年度と比較して取扱高が大幅に拡大しました。

海外インターネットサービスを含むその他インターネットサービスにおいては，米国のオンライン・キャッシュバック・サービス『Rakuten Rewards』を中心に売上収益が伸長しました。

なお，前連結会計年度に投資事業においてフィンテック関連企業への株式投資の評価益を27,827百万円計上しており，セグメント利益は前連結会計年度と比較して減少しています。

この結果，インターネットサービスセグメントにおける売上収益は1,085,872百万円（前連結会計年度比8.7%増），セグメント利益は78,203百万円（前連結会計年度比24.3%減）となりました。

（単位：百万円）

	前連結会計年度 （自2021年1月1日 至2021年12月31日）	当連結会計年度 （自2022年1月1日 至2022年12月31日）	増減額	増減率
セグメントに係る売上収益	999,185	1,085,872	86,687	8.7%
セグメント損益	103,351	78,203	△25,148	△24.3%

（フィンテック）

クレジットカード関連サービスにおいては，2022年12月に『楽天カード』の累計発行枚数が2,800万枚を突破しました。2022年3月に，まん延防止等重点措置が解除されたこと等を背景に，オフライン消費の回復が見られたことに加え，コロナ禍における「巣ごもり需要」で定着したオンライン消費もニーズが継続し，ショッピング取扱高が伸長しました。銀行サービスにおいては，2022年9月に預金口座数が1,300万口座を突破した後も引き続き顧客基盤が拡大しました。証券サービスにおいては，国内株式取扱高は過去最高を更新し，顧客の更なる定着が進みました。

この結果，フィンテックセグメントにおける売上収益は663,393百万円（前連結会計年度比7.2%増），セグメント利益は98,704百万円（前連結会計年度比10.8%増）となりました。

（単位：百万円）

	前連結会計年度 （自2021年1月1日 至2021年12月31日）	当連結会計年度 （自2022年1月1日 至2022年12月31日）	増減額	増減率
セグメントに係る売上収益	619,048	663,393	44,345	7.2%
セグメント損益	89,120	98,704	9,584	10.8%

（モバイル）

モバイルにおいては，計画の前倒しによる自社基地局の整備に注力することでネットワーク品質の向上に努めました。また，通信料金を1年間無料とするキャンペーン期間終了に伴い，通信料金の支払を開始したユーザーが増えたほか，端末販売の増加も売上収益の増加に貢献しました。他方で，減価償却費等のネットワーク関連費用も増加しました。

この結果，モバイルセグメントにおいて，通信料収入の増加等の要因により，売上収益は368,669百万円（前連結会計年度比62.0％増）となりました。自社基地局設置等の先行投資が継続中のため，セグメント損失は492,830百万円（前連結会計年度は421,172百万円の損失）となりましたが，第1四半期連結会計期間をピークに損失は縮小しています。

（単位：百万円）

	前連結会計年度 （自2021年1月1日 至2021年12月31日）	当連結会計年度 （自2022年1月1日 至2022年12月31日）	増減額	増減率
セグメントに係る売上収益	227,511	368,669	141,158	62.0%
セグメント損益	△421,172	△492,830	△71,658	－%

⑤　生産，受注及び販売の状況

（生産実績）

当社グループは，インターネット上での各種サービスの提供を主たる事業としており，生産に該当する事項が無いため，生産実績に関する記載はしていません。

（受注実績）

当社グループは，OpenRANベースの通信インフラプラットフォーム及びサービスの提供等を除き，インターネット上での各種サービスの提供を主たる事業としています。よって，受注実績について特筆すべき事項はありません。

（販売実績）

当連結会計年度の販売実績をセグメントごとに示すと，次のとおりです。

セグメントの名称	販売高（百万円）	前年同期比（%）
インターネットサービス	1,085,872	8.7
フィンテック	663,393	7.2
モバイル	368,669	62.0
内部取引等	△190,056	－
合　計	1,927,878	14.6

（注）上記金額には，消費税等は含まれていません。

(2) 経営者による経営成績等の状況に関する分析・検討内容

経営者の視点による当社グループの経営成績等の状況に関する認識及び分析・検討内容は次のとおりです。なお，文中の将来に関する事項は，当連結会計年度末現在において判断したものです。

① 経営成績の分析

(売上収益)

当連結会計年度における売上収益は1,927,878百万円となり，前連結会計年度の1,681,757百万円から246,121百万円(14.6%)増加しました。これは，インターネットサービスにおける，『楽天市場』に代表される国内既存事業の成長が売上収益に貢献したこと，フィンテックにおける，『楽天カード』の会員基盤拡大に伴う手数料収入等の増加，銀行サービスの顧客基盤拡大に伴う役務取引等収益等の増加，証券サービスのFX取引高の伸長に伴う手数料収入等の増加，モバイルにおける，通信料金を1年間無料とするキャンペーン期間終了に伴う通信料金収入の増加及び端末販売の増加等が売上収益に貢献したこと等によるものです。

(営業費用)

当連結会計年度における営業費用は2,254,118百万円となり，前連結会計年度の1,966,419百万円から287,699百万円(14.6%)増加しました。これは，従業員給付費用が増加したこと，モバイルにおける基地局建設に関わる費用が増加したこと等によるものです。

(その他の収益)

当連結会計年度におけるその他の収益は8,383百万円となり，前連結会計年度の108,037百万円から99,654百万円 (92.2%) 減少しました。これは，前連結会計年度にAltiostar Networks,Inc.の完全子会社化に伴う段階取得に係る差益を59,496百万円計上したこと等によるものです。

(その他の費用)

当連結会計年度におけるその他の費用は46,035百万円となり，前連結会計年度の18,101百万円から27,934百万円 (154.3%) 増加しました。これは，子会社の元従業員及び取引先の共謀による不正行為に関連する費用について見積りを行い，11,996百万円計上したこと等によるものです。

(営業損失)

当連結会計年度における営業損失は363,892百万円となりました（前連結会計年度は，194,726百万円の損失)。これは，インターネットサービスやフィンテックにおいて，事業が堅調に推移し，売上収益が増加した一方で，モバイルにおいて，第1四半期連結会計期間をピークに損失は縮小しているものの，自社基地局設置等の先行投資が継続中のため，基地局建設に関わる費用を計上し，営業費用が増加したこと等によるものです。

(持分法による投資損益)

当連結会計年度における持分法による投資損失は2,548百万円となりました（前連結会計年度は，1,834百万円の利益)。これは，前連結会計年度に当社グループの保有する持分に応じた株式会社西友ホールディングスの割安購入益を含む利益8,307百万円を持分法による投資利益に計上したこと等によるものです。

(税引前当期損失)

当連結会計年度は407,894百万円の税引前当期損失となりました（前連結会計年度は，212,630百万円の損失)。これは，営業損失で説明した要因等により利益が減少したことによるものです。

(法人所得税費用)

当連結会計年度における法人所得税費用は31,983百万円のマイナスとなりました（前連結会計年度は76,804百万円のマイナス)。これは主に，当連結会計年度において税引前当期損失を計上したことによるものです。

(当期損失)

以上の結果，当期損失は375,911百万円となりました（前連結会計年度は，135,826百万円の損失)。

(親会社の所有者に帰属する当期損失)

以上の結果，親会社の所有者に帰属する当期損失は372,884百万円となりました（前連結会計年度は，133,828百万円の損失)。

② 財政状態の分析

(資産)

当連結会計年度末の資産合計は20,437,298百万円となり，前連結会計年度末の資産合計16,831,221百万円と比べ，3,606,077百万円増加しました。これは主に，銀行事業の貸付金が978,764百万円増加，その他の金融資産が571,287百万円増加，銀行事業の有価証券が457,547百万円増加，カード事業の貸付金が387,596百万円増加，証券事業の金融資産が342,232百万円増加したことによるものです。

(負債)

当連結会計年度末の負債合計は19,566,208百万円となり，前連結会計年度末の負債合計15,713,931百万円と比べ，3,852,277百万円増加しました。これは主に，銀行事業の預金が1,570,727百万円増加，銀行事業の借入金が1,075,389百万円増加，証券事業の金融負債が461,471百万円増加したことによるものです。

(資本)

当連結会計年度末の資本合計は871,090百万円となり，前連結会計年度末の資本合計1,117,290百万円と比べ，246,200百万円減少しました。これは主に，円安等によりその他の資本の構成要素が70,440百万円増加した一方で，当連結会計年度における親会社の所有者に帰属する当期損失を372,884百万円計上したこと等により，利益剰余金が396,632百万円減少したことによるものです。

③ キャッシュ・フローの状況の分析

当連結会計年度末における現金及び現金同等物は，前連結会計年度末と比べ284,059百万円増加し，4,694,360百万円となりました。当連結会計年度における各キャッシュ・フローの状況及び主な変動要因は次のとおりです。

(営業活動によるキャッシュ・フロー)

当連結会計年度における営業活動によるキャッシュ・フローは，257,947百万円の資金流出（前連結会計年度は582,707百万円の資金流入）となりました。これは主に，銀行事業の預金の増加による資金流入が1,571,129百万円となった一方で，銀行事業の貸付金の増加による資金流出が978,855百万円，債券貸借取引支払保証金の増加による資金流出が390,380百万円となったことによるものです。

（投資活動によるキャッシュ・フロー）

当連結会計年度における投資活動によるキャッシュ・フローは，952,408百万円の資金流出（前連結会計年度は611,830百万円の資金流出）となりました。これは主に，銀行事業の有価証券の取得及び売却等によるネットの資金流出が477,777百万円（取得による資金流出が1,393,732百万円，売却及び償還による資金流入が915,955百万円），有形固定資産の取得による資金流出が298,666百万円となったことによるものです。

（財務活動によるキャッシュ・フロー）

当連結会計年度における財務活動によるキャッシュ・フローは，1,486,684百万円の資金流入（前連結会計年度は1,402,265百万円の資金流入）となりました。これは主に，銀行事業の短期借入金の減少による資金流出が480,110百万円となった一方で，銀行事業の長期借入れによる資金流入が1,823,800百万円となったことによるものです。

④　収益の認識及び表示方法

収益の認識及び表示方法については，「第5　経理の状況　1　連結財務諸表等　(1) 連結財務諸表　連結財務諸表注記　32. 売上収益 (1) 収益の分解」をご参照ください。

⑤　繰延税金資産の回収可能性

繰延税金資産は，それらが利用される将来の課税所得を稼得する可能性が高い範囲内で，全ての将来減算一時差異及び全ての未使用の繰越欠損金及び税額控除について認識しています。当社グループは，繰延税金資産の回収可能性の評価にあたり行っている見積りは合理的であり，繰延税金資産が回収可能な額として計上されていると判断しています。ただし，これらの見積りは当社グループとしても管理不能な不確実性が含まれているため，予測不能な前提条件の変化等により回収可能性の評価に関する見積りが変化した場合には，将来当社グループが繰延税金資産を減額する可能性もあります。

⑥　公正価値で測定する金融資産

公正価値で測定する金融資産については，「第5　経理の状況　1　連結財務諸表等　(1) 連結財務諸表　連結財務諸表注記 44. 金融商品の公正価値」をご参照ください。

(3)　資産の財源及び資金の流動性

①　財務運営の基本方針

当社は，グループの持続的成長の実現を可能とするための資金ニーズに対し，安定的かつ多様な資金調達手段の確保を行うこと，また，金融事業に従事する子会社の財務健全性を堅持するため，十分な流動性の確保を図ることを財務運営の基本方針としています。

経営の独立性が求められるフィンテックセグメントに属する子会社及び外部金融機関からのリース調達をしている楽天モバイル株式会社を除く子会社においては，原則として銀行等の外部金融機関からの資金調達を行わず，グループ内のキャッシュ・マネジメント・サービスの活用により，当社が資金調達，グループ資金効率の向上，流動性の確保等を行っています。

また，成長が続くインターネットサービスセグメントにおける増加運転資金等については，営業活動によるキャッシュ・フローで獲得した資金や，コマーシャル・ペーパー等の短期借入金を充当することを基本方針としています。また，投資フェーズにあるモバイルセグメントでの設備投資資金への資金充当については，下記「③　今後の資金調達のニーズ及び資金調達の見通し」をご参照ください。

なお，投資等の新規に資金投下を要する案件等については，外部有識者を含むメンバーで構成される投融資委員会において，案件の取り進めの可否を事前審議しており，その審議結果については，取締役会に報告することに加え，一定額以上の案件につき当社の取締役会の承認決議を要件とすることとしています。更に，投資後のモニタリングを継続的に実施し，必要に応じて機動的にポートフォリオの見直しを実施しています。これらを通じて，グループ全体でのリスク管理及び最適な経営資源の配分を実現することを目標としています。

以上を踏まえ，具体的な資金調達手法及び資金調達のタイミングに関しては，グループ全体の事業計画に基づくキャッシュ・フロー，手元流動性の状況等を踏まえて判断しています。資金調達に関するリスクについては，「第2　事業の状況　2　事業等のリスク」をご参照ください。

② **現状**

当社グループは，当連結会計年度末時点において，総額4,912,750百万円の社債及び借入金を有しており，前連結会計年度比1,509,838百万円増となりました。このうち，短期の社債及び借入金は前連結会計年度比313,558百万円減の748,287百万円で，内訳は，短期借入金344,387百万円，コマーシャル・ペーパー403,900百万円となっています。

なお，当社の長期及び短期の信用格付け（2023年3月16日時点）は，日本格付研究所（JCR）でA/J-1，格付投資情報センター（R&I）でBBB+/a-2，S&Pグローバル・レーティングでBB（長期）となっています。

③ **今後の資金調達のニーズ及び資金調達の見通し**

当社連結子会社の楽天モバイル株式会社は，2018年4月に「第4世代移動通信システムの普及のための特定基地局の開設計画」，2019年4月に「第5世代移動通信システムの導入のための特定基地局の開設計画」の認定をそれぞれ受け，2020年4月に4Gサービスを本格的に開始し，同年9月には5Gサービスを開始しました。当該認定された計画における設備投資額は2026年3月末までに最大800,000百万円程度となる見通しです。また，2021年4月には「第5世代移動通信システムの普及のための特定基地局の開設計画」の認定を受け，当該認定された計画における設備投資額は2029年3月末までに約118,600百万円程度となる見通しです。その後，4Gに係る設備投資額については，基地局の高密度化による通信品質の向上，今後見込まれる利用者の増加等に対応するため，基地局数を当初計画より増やして設置を進めており，それに伴い基地局向け設備投資額も増加しています。なお，2018年度から当連結会計年度末までにおける，使用権資産及び特定基地局開設料を除いた設備投資の累計額は約1,070,000百万円です。これらを含むモバイル事業における必要資金額については，当社から楽天モバイル株式会社への投融資，楽天モバイル株式会社における，リース，流動化ファイナンス等を活用して調達する予定です。当該投融資については，当社が2018年12月に発行した利払繰延条項・期限前償還条項付無担保社債（劣後特約付）により調達した182,000百万円（そのうち，75,000百万円については2021年7月に買入消却を実施），2020年11月に発行した利払繰延条項・期限前償還条項付無担保社債（劣後特約付）により調達した120,000百万円，2021年3月に実行した第三者割当による新株式の発行及び自己株式の処分により調達した242,347百万円，同年4月に発行した米ドル及びユーロ建て永久劣後特約付社債により調達したそれぞれ1,750百万米ドル，1,000百万ユーロ及び同年12月に発行した無担保社債により調達した300,000百万円，2022年6月に発行した無担保社債により調達した150,000百万円，同年11月に発行したドル建て無担保社債により調達した500百万米ドル，2023年1月に発行したドル建て無担保社債により調達した450百万米ドル及び同年2月に発行した無担保社債により調達した250,000百万円等の全部又は一部を充当しています。なお，2023年12月期の楽天モバイル株式会社における設備投資額は，約300,000百万円を予定しています。

また，今後，5Gサービス等における設備投資の前倒し等により，当社から楽天モバイル株式会社への更なる出資等が求められる可能性もあります。その場合においては，上記の「①財務運営の基本方針」も踏まえ，最適な資金調達手段を検討していきます。

(4) 経営成績に重要な影響を与える要因

経営成績に重要な影響を与える要因については，「第2　事業の状況　2　事業等のリスク」をご参照ください。

(5) 重要な会計上の見積り及び当該見積りに用いた仮定

当社グループの連結財務諸表は，IFRSに準拠して作成しています。この連結財務諸表の作成にあたり採用した重要な会計上の見積り及び当該見積りに用いた仮定については，「第5　経理の状況　1　連結財務諸表等　(1) 連結財務諸表　連結財務諸表注記3. 重要な会計上の見積り及び判断」に記載のとおりです。

設備の状況

1　設備投資等の概要

当連結会計年度の設備投資の総額は588,219百万円であり，主に「4G」「5G」に関する基地局，ネットワーク設備の新設を目的とした楽天モバイル株式会社における設備投資及び使用権資産の増加等によるものです。

2　主要な設備の状況

(1)　提出会社

2022年12月31日現在

事業所名（所在地）	セグメントの名称	設備の内容	帳簿価額（百万円）						従業員数（名）
			建物及び建物附属設備	工具、器具及び備品	使用権資産	ソフトウエア	その他	合計	
本社（東京都世田谷区）	—	全業務に関わる設備	3,131	1,360	12,287	12,305	31,949	61,032	7,170
松戸楽天専用物流センター（千葉県松戸市）ほか３拠点	インターネットサービス	倉庫設備	3,601	1,435	55,879	22	654	61,591	25

(注) 1　上記金額には，消費税等は含まれていません。
　　 2　従業員数は就業人員数です。

(2)　国内子会社

2022年12月31日現在

会社名	所在地	セグメントの名称	設備の内容	帳簿価額（百万円）							従業員数（名）
				工具、器具及び備品	機械設備	使用権資産	ソフトウエア	建設仮勘定	その他	合計	
楽天モバイル(株)	東京都世田谷区	モバイル	全業務に関わる設備	181	7,732	11	61,977	—	85,097	154,998	2,662
楽天モバイル(株)	国内の基地局ネットワークセンターほか	モバイル	基地局、ネットワーク設備ほか	46,283	455,965	277,003	6,017	145,837	48,568	979,673	2,705

(注) 1　上記金額には，消費税等は含まれていません。
　　 2　従業員数は就業人員数です。
　　 3　帳簿価額のうち「その他」は，主にソフトウエア仮勘定です。

(3) 在外子会社

2022年12月31日現在

会社名	所在地	セグメントの名称	設備の内容	帳簿価額(百万円)						従業員数(名)
				建物及び建物附属設備	工具、器具及び備品	使用権資産	土地(面積㎡)	ソフトウエア	合計	
Rakuten USA, Inc.	米国	インターネットサービス	全業務に関わる設備	17,841	328	174	4,707 (19,287)	841	23,891	369

(注) 1 上記金額には，消費税等は含まれていません。
2 従業員数は就業人員数です。

3 設備の新設，除却等の計画

(1) 重要な設備の新設等

2022年12月31日現在

会社名	所在地	セグメントの名称	設備の内容	投資予定額	資金調達方法	着手年月	完了予定
				総額			
楽天モバイル(株)	東京都世田谷区	モバイル	「4G」「5G」に関する基地局、ネットワーク設備ほか	3,000億円	自己資金、借入金、社債発行及び新株発行等	2023年1月	2023年12月

(注) 上記金額には，消費税等は含まれていません。

(2) 重要な設備の除却等

該当事項はありません。

提出会社の状況

1　株式等の状況

(1)　株式の総数等

①　株式の総数

種類	発行可能株式総数(株)
普通株式	3,941,800,000
計	3,941,800,000

②　発行済株式

種類	事業年度末現在発行数(株)(2022年12月31日)	提出日現在発行数(株)(2023年3月30日)	上場金融商品取引所名又は登録認可金融商品取引業協会名	内容
普通株式	1,590,463,000株	1,591,422,000株	東京証券取引所プライム市場	単元株式数は100株です。
計	1,590,463,000株	1,591,422,000株	―	―

(注)　提出日現在の発行数には，2023年3月1日からこの有価証券報告書提出日までの新株予約権の行使により発行された株式数は含まれていません。

経理の状況

1　連結財務諸表及び財務諸表の作成方法について

(1)　当社の連結財務諸表は,「連結財務諸表の用語, 様式及び作成方法に関する規則」(昭和51年大蔵省令第28号。以下「連結財務諸表規則」) 第1条の2に掲げる「指定国際会計基準特定会社」の要件を満たすことから, 第93条の規定により, 国際会計基準 (以下「IFRS」) に準拠して作成しています。

(2)　当社の財務諸表は,「財務諸表等の用語, 様式及び作成方法に関する規則」(昭和38年大蔵省令第59号。以下「財務諸表等規則」) に基づいて作成しています。

また, 当社は, 特例財務諸表提出会社に該当し, 財務諸表等規則第127条の規定により財務諸表を作成しています。

2　監査証明について

当社は, 金融商品取引法第193条の2第1項の規定に基づき, 連結会計年度 (2022年1月1日から2022年12月31日まで) 及び事業年度 (2022年1月1日から2022年12月31日まで) に係る連結財務諸表及び財務諸表について, EY新日本有限責任監査法人による監査を受けています。

3　連結財務諸表等の適正性を確保するための特段の取組について

当社は, 連結財務諸表等の適正性を確保するための特段の取組を行っています。その内容は以下のとおりです。

会計基準等の内容を適切に把握し, 会計基準等の変更について的確に対応することができる体制を整備するため, 公益財団法人財務会計基準機構へ加入し, 会計基準への理解を深め, また, 新たな会計基準に対応しています。

4　IFRSに基づいて連結財務諸表等を適正に作成することができる体制の整備について

当社は, IFRSに基づいて連結財務諸表等を適正に作成することができる体制の整備を行っています。その内容は以下のとおりです。

IFRSの適用については，国際会計基準審議会が公表するプレスリリースや基準書を随時入手し，最新の基準の把握を行っています。また，IFRSに基づく適正な連結財務諸表等を作成するために，IFRSに準拠したグループ会計方針を作成し，それらに基づいて会計処理を行っています。

1　連結財務諸表等

(1)　【連結財務諸表】

①　【連結財政状態計算書】

(単位：百万円)

	注記	前連結会計年度 (2021年12月31日)	当連結会計年度 (2022年12月31日)
資産の部			
現金及び現金同等物	5	4,410,301	4,694,360
売上債権	6,15	307,821	364,186
証券事業の金融資産	7,15	3,088,544	3,430,776
カード事業の貸付金	8,15	2,388,448	2,776,044
銀行事業の有価証券	9,15	459,104	916,651
銀行事業の貸付金	10,15	2,528,795	3,507,559
保険事業の有価証券	11,15	290,455	269,867
デリバティブ資産	12	45,056	181,106
有価証券	13	281,179	161,071
その他の金融資産	14,15	642,650	1,213,937
持分法で会計処理されている投資	16	68,991	77,541
有形固定資産	17	975,362	1,262,115
無形資産	18	858,997	974,372
繰延税金資産	30	225,100	281,950
その他の資産		260,418	325,763
資産合計		16,831,221	20,437,298
負債の部			
仕入債務		392,455	450,562
銀行事業の預金	19	6,848,370	8,419,097
証券事業の金融負債	20	3,032,996	3,494,467
デリバティブ負債	12	24,825	35,727
社債及び借入金	21	1,355,255	1,760,781
証券事業の借入金	22	207,505	157,542
カード事業の社債及び借入金	23	733,852	812,738
銀行事業の借入金	24	1,106,300	2,181,689
その他の金融負債	26	1,415,368	1,627,300
未払法人所得税等		13,499	18,139
引当金	27	198,263	242,909
保険事業の保険契約準備金	28	247,911	200,545
退職給付に係る負債	29	29,752	34,743
繰延税金負債	30	2,488	4,709
その他の負債		105,092	125,260
負債合計		15,713,931	19,566,208
資本の部			
親会社の所有者に帰属する持分			
資本金	31	289,674	294,061
資本剰余金	31	311,970	353,786
その他の資本性金融商品	31	317,316	317,316
利益剰余金	31	142,671	△253,961
自己株式	31	△0	△0
その他の資本の構成要素		32,088	102,528
親会社の所有者に帰属する持分合計		1,093,719	813,730
非支配持分		23,571	57,360
資本合計		1,117,290	871,090
負債及び資本合計		16,831,221	20,437,298

② 【連結損益計算書】

（単位：百万円）

	注記	前連結会計年度 （自　2021年１月１日 至　2021年12月31日）	当連結会計年度 （自　2022年１月１日 至　2022年12月31日）
継続事業			
売上収益	32, 43	1, 681, 757	1, 927, 878
営業費用	33, 43	1, 966, 419	2, 254, 118
その他の収益	34, 43	108, 037	8, 383
その他の費用	34, 43	18, 101	46, 035
営業損失（△）		△194, 726	△363, 892
金融収益	35, 43	18, 904	115, 432
金融費用	35, 43	38, 642	156, 886
持分法による投資利益又は損失（△）	16	1, 834	△2, 548
税引前当期損失（△）		△212, 630	△407, 894
法人所得税費用	30	△76, 804	△31, 983
当期損失（△）		△135, 826	△375, 911
当期損失（△）の帰属			
親会社の所有者		△133, 828	△372, 884
非支配持分		△1, 998	△3, 027
当期損失（△）		△135, 826	△375, 911
			（単位：円）
親会社の所有者に帰属する１株当たり当期損失（△）：			
基本的	36	△87. 62	△235. 00
希薄化後	36	△87. 62	△235. 16

③ 【連結包括利益計算書】

(単位：百万円)

	注記	前連結会計年度 (自 2021年1月1日 至 2021年12月31日)	当連結会計年度 (自 2022年1月1日 至 2022年12月31日)
当期損失(△)		△135,826	△375,911
その他の包括利益			
純損益に振替えられることのない項目：			
その他の包括利益を通じて公正価値で測定する資本性金融商品の利得及び損失	43	△5,331	△8,560
その他の包括利益を通じて公正価値で測定する資本性金融商品の利得及び損失に係る法人所得税	30,43	1,105	2,556
保険事業の保険契約準備金に係る期末市場金利に基づく再測定額	28	577	2,970
保険事業の保険契約準備金に係る期末市場金利に基づく再測定額に係る法人所得税	28,30	△193	△1,076
確定給付制度の再測定	29	△1,836	2,503
確定給付制度の再測定に係る法人所得税	29,30	540	△758
持分法によるその他の包括利益	16	163	82
純損益に振替えられることのない項目合計		△4,975	△2,283
純損益に振替えられる可能性のある項目：			
在外営業活動体の換算差額		66,681	90,709
在外営業活動体の処分による換算差額の組替調整額		△753	△3,568
その他の包括利益を通じて公正価値で測定する負債性金融商品の利得及び損失	43	△1,868	△23,740
その他の包括利益を通じて公正価値で測定する負債性金融商品に係る貸倒引当金	43	△7	15
その他の包括利益を通じて公正価値で測定する負債性金融商品に係るその他の包括利益から純損益へ振替えられた金額	43	△246	△6
その他の包括利益を通じて公正価値で測定する負債性金融商品に係るその他の包括利益に関連する法人所得税	30,43	561	6,760
キャッシュ・フロー・ヘッジにおいてその他の包括利益に認識された金額	38,43	6,027	5,039
キャッシュ・フロー・ヘッジにおいてその他の包括利益に認識された金額に係る法人所得税	30,38	△1,841	△1,652
キャッシュ・フロー・ヘッジにおいてその他の包括利益から純損益へ振替えられた金額	38,43	△7,767	△8,762
キャッシュ・フロー・ヘッジにおいてその他の包括利益から純損益へ振替えられた金額に係る法人所得税	30,38	2,385	2,587
持分法によるその他の包括利益	16	4,993	4,836
持分法によるその他の包括利益から純損益へ振替えられた金額	16	△405	―
純損益に振替えられる可能性のある項目合計		67,760	72,218
税引後その他の包括利益合計		62,785	69,935
当期包括利益		△73,041	△305,976
当期包括利益の帰属			
親会社の所有者		△73,417	△303,374
非支配持分		376	△2,602
当期包括利益		△73,041	△305,976

④ 【連結持分変動計算書】

前連結会計年度（自　2021年1月1日　至　2021年12月31日）

（単位：百万円）

	注記	資本金	資本剰余金	その他の資本性金融商品	利益剰余金	自己株式	その他の資本の構成要素	
							在外営業活動体の換算差額	その他の包括利益を通じて公正価値で測定する金融資産
2021年1月1日残高		205,924	227,844	－	290,449	△84,941	△22,698	△1,230
当期包括利益								
当期損失（△）		－	－	－	△133,828	－	－	－
税引後その他の包括利益		－	－	－	－	－	68,023	△5,651
当期包括利益合計		－	－	－	△133,828	－	68,023	△5,651
所有者との取引額等								
所有者による拠出及び所有者への分配								
新株の発行	31	80,000	79,047	－	－	－	－	－
その他の資本性金融商品の発行	31	－	－	317,316	－	－	－	－
剰余金の配当	31,41	－	－	－	△6,131	－	－	－
その他の資本性金融商品の所有者に対する分配	31	－	－	－	△4,359	－	－	－
その他の資本の構成要素から利益剰余金への振替	42	－	－	－	△2,215	－	－	2,215
自己株式の取得	31	－	－	－	－	△0	－	－
自己株式の処分	31	－	△2,412	－	－	84,759	－	－
ストックオプション行使に伴う新株の発行	31	3,750	△3,750	－	－	－	－	－
ストック・オプション行使に伴う自己株式の処分	31	－	△182	－	－	182	－	－
新株予約権の発行	40	－	10,650	－	－	－	－	－
新株予約権の失効	40	－	△159	－	159	－	－	－
その他		－	810	－	△1,404	－	－	－
所有者による拠出及び所有者への分配合計		83,750	84,004	317,316	△13,950	84,941	－	2,215
子会社に対する所有持分の変動額								
新株の発行		－	－	－	－	－	－	－
支配継続子会社に対する持分変動		－	－	－	－	－	－	－
非支配持分の取得及び処分		－	122	－	－	－	－	－
その他		－	－	－	－	－	－	－
子会社に対する所有持分の変動額合計		－	122	－	－	－	－	－
所有者との取引額等合計		83,750	84,126	317,316	△13,950	84,941	－	2,215
2021年12月31日残高		289,674	311,970	317,316	142,671	△0	45,325	△4,666

（単位：百万円）

	注記	その他の資本の構成要素				親会社の所有者に帰属する持分合計	非支配持分	資本合計
		キャッシュ・フロー・ヘッジ	保険事業の保険契約準備金に係る期末市場金利に基づく再測定額	退職給付制度の再測定	その他の資本の構成要素合計			
2021年1月1日残高		939	△5,626	△1,923	△30,538	608,738	20,276	629,014
当期包括利益								
当期損失（△）		－	－	－	－	△133,828	△1,998	△135,826
税引後その他の包括利益		△1,196	383	△1,148	60,411	60,411	2,374	62,785
当期包括利益合計		△1,196	383	△1,148	60,411	△73,417	376	△73,041
所有者との取引額等								
所有者による拠出及び所有者への分配								
新株の発行	31	－	－	－	－	159,047	－	159,047
その他の資本性金融商品の発行	31	－	－	－	－	317,316	－	317,316
剰余金の配当	31,41	－	－	－	－	△6,131	－	△6,131
その他の資本性金融商品の所有者に対する分配	31	－	－	－	－	△4,359	－	△4,359
その他の資本の構成要素から利益剰余金への振替	42	－	－	－	2,215	－	－	－
自己株式の取得	31	－	－	－	－	△0	－	△0
自己株式の処分	31	－	－	－	－	82,347	－	82,347
ストックオプション行使に伴う新株の発行	31	－	－	－	－	0	－	0
ストック・オプション行使に伴う自己株式の処分	31	－	－	－	－	－	－	－
新株予約権の発行	40	－	－	－	－	10,650	－	10,650
新株予約権の失効	40	－	－	－	－	－	－	－
その他		－	－	－	－	△594	－	△594
所有者による拠出及び所有者への分配合計		－	－	－	2,215	558,276	－	558,276
子会社に対する所有持分の変動額								
新株の発行		－	－	－	－	－	3,404	3,404
支配継続子会社に対する持分変動		－	－	－	－	－	－	－
非支配持分の取得及び処分		－	－	－	－	122	△293	△171
その他		－	－	－	－	－	△192	△192
子会社に対する所有持分の変動額合計		－	－	－	－	122	2,919	3,041
所有者との取引額等合計		－	－	－	2,215	558,398	2,919	561,317
2021年12月31日残高		△257	△5,243	△3,071	32,088	1,093,719	23,571	1,117,290

当連結会計年度（自　2022年1月1日　至　2022年12月31日）

（単位：百万円）

	注記	資本金	資本剰余金	その他の資本性金融商品	利益剰余金	自己株式	その他の資本の構成要素	
							在外営業活動体の換算差額	その他の包括利益を通じて公正価値で測定する金融資産
2022年1月1日残高		289,674	311,970	317,316	142,671	△0	45,325	△4,666
当期包括利益								
当期損失（△）		－	－	－	△372,884	－	－	－
税引後その他の包括利益		－	－	－	－	－	91,413	△22,838
当期包括利益合計		－	－	－	△372,884	－	91,413	△22,838
所有者との取引額等								
所有者による拠出及び所有者への分配								
新株の発行		－	－	－	－	－	－	－
その他の資本性金融商品の発行		－	－	－	－	－	－	－
剰余金の配当	31,41	－	－	－	△7,118	－	－	－
その他の資本性金融商品の所有者に対する分配	31	－	－	－	△15,127	－	－	－
その他の資本の構成要素から利益剰余金への振替	42	－	－	－	△1,148	－	－	1,148
自己株式の取得	31	－	－	－	－	△0	－	－
自己株式の処分		－	－	－	－	－	－	－
ストックオプション行使に伴う新株の発行	31	4,387	△4,387	－	－	－	－	－
ストック・オプション行使に伴う自己株式の処分		－	－	－	－	－	－	－
新株予約権の発行	40	－	13,359	－	－	－	－	－
新株予約権の失効	40	－	△186	－	186	－	－	－
その他		－	－	－	△239	－	－	－
所有者による拠出及び所有者への分配合計		4,387	8,786	－	△23,446	△0	－	1,148
子会社に対する所有持分の変動額								
新株の発行		－	－	－	－	－	－	－
支配継続子会社に対する持分変動	51	－	33,634	－	－	－	－	－
非支配持分の取得及び処分		－	△604	－	－	－	－	－
その他		－	△0	－	△302	－	△218	－
子会社に対する所有持分の変動額合計		－	33,030	－	△302	－	△218	－
所有者との取引額等合計		4,387	41,816	－	△23,748	△0	△218	1,148
2022年12月31日残高		294,061	353,786	317,316	△253,961	△0	136,520	△26,356

（単位：百万円）

	注記	その他の資本の構成要素				親会社の所有者に帰属する持分合計	非支配持分	資本合計
		キャッシュ・フロー・ヘッジ	保険事業の保険契約準備金に係る期末市場金利に基づく再測定額	退職給付制度の再測定	その他の資本の構成要素合計			
2022年1月1日残高		△257	△5,243	△3,071	32,088	1,093,719	23,571	1,117,290
当期包括利益								
当期損失（△）		—	—	—	—	△372,884	△3,027	△375,911
税引後その他の包括利益		△2,787	1,894	1,828	69,510	69,510	425	69,935
当期包括利益合計		△2,787	1,894	1,828	69,510	△303,374	△2,602	△305,976
所有者との取引額等								
所有者による拠出及び所有者への分配								
新株の発行		—	—	—	—	—	—	—
その他の資本性金融商品の発行		—	—	—	—	—	—	—
剰余金の配当	31, 41	—	—	—	—	△7,118	—	△7,118
その他の資本性金融商品の所有者に対する分配	31	—	—	—	—	△15,127	—	△15,127
その他の資本の構成要素から利益剰余金への振替	42	—	—	—	1,148	—	—	—
自己株式の取得	31	—	—	—	—	△0	—	△0
自己株式の処分		—	—	—	—	—	—	—
ストックオプション行使に伴う新株の発行	31	—	—	—	—	0	—	0
ストック・オプション行使に伴う自己株式の処分		—	—	—	—	—	—	—
新株予約権の発行	40	—	—	—	—	13,359	—	13,359
新株予約権の失効	40	—	—	—	—	—	—	—
その他		—	—	—	—	△239	—	△239
所有者による拠出及び所有者への分配合計		—	—	—	1,148	△9,125	—	△9,125
子会社に対する所有持分の変動額								
新株の発行		—	—	—	—	—	3,361	3,361
支配継続子会社に対する持分変動	51	—	—	—	—	33,634	31,813	65,447
非支配持分の取得及び処分		—	—	—	—	△604	1,394	790
その他		—	—	—	△218	△520	△177	△697
子会社に対する所有持分の変動額合計		—	—	—	△218	32,510	36,391	68,901
所有者との取引額等合計		—	—	—	930	23,385	36,391	59,776
2022年12月31日残高		△3,044	△3,349	△1,243	102,528	813,730	57,360	871,090

⑤ 【連結キャッシュ・フロー計算書】

(単位：百万円)

	注記	前連結会計年度 (自 2021年1月1日 至 2021年12月31日)	当連結会計年度 (自 2022年1月1日 至 2022年12月31日)
営業活動によるキャッシュ・フロー			
税引前当期損失（△）		△212,630	△407,894
減価償却費及び償却費	33	197,353	266,118
減損損失	17,18	4,239	10,948
その他の損益（△は益）	34,35	△73,183	160,314
営業債権の増減額（△は増加）		△47,558	△32,249
カード事業の貸付金の増減額（△は増加）		△354,240	△387,316
銀行事業の預金の増減額（△は減少）		2,130,634	1,571,129
銀行事業のコールローンの純増減額（△は増加）		△5,122	△6,805
銀行事業の貸付金の増減額（△は増加）		△1,092,238	△978,855
債券貸借取引支払保証金の純増減額（△は増加）		△147,777	△390,380
営業債務の増減額（△は減少）		45,045	50,763
証券事業の金融資産の増減額（△は増加）		△414,794	△342,142
証券事業の金融負債の増減額（△は減少）		445,190	460,857
デリバティブ資産及びデリバティブ負債の増減額		△80,114	△118,191
その他		188,962	△89,771
法人所得税の支払額		△1,060	△24,473
営業活動によるキャッシュ・フロー合計		582,707	△257,947
投資活動によるキャッシュ・フロー			
定期預金の預入による支出		△9,856	△12,093
定期預金の払戻による収入		9,180	10,421
有形固定資産の取得による支出		△286,859	△298,666
無形資産の取得による支出		△123,782	△140,747
子会社の取得による支出	50	△42,974	△25,221
持分法投資の取得による支出		△23,029	△5,784
銀行事業の有価証券の取得による支出		△736,644	△1,393,732
銀行事業の有価証券の売却及び償還による収入		544,075	915,955
保険事業の有価証券の取得による支出		△65,781	△43,271
保険事業の有価証券の売却及び償還による収入		77,166	53,154
有価証券の取得による支出		△15,726	△10,800
有価証券の売却及び償還による収入		61,042	11,861
その他の金融資産の売却及び償還による収入		2,942	―
その他の支出		△16,506	△22,846
その他の収入		14,922	9,361
投資活動によるキャッシュ・フロー合計		△611,830	△952,408

（単位：百万円）

	注記	前連結会計年度 （自　2021年1月1日 至　2021年12月31日）	当連結会計年度 （自　2022年1月1日 至　2022年12月31日）
財務活動によるキャッシュ・フロー			
短期借入金の純増減額（△は減少）	21	△12	122,392
コマーシャル・ペーパーの純増減額（△は減少）	21	△6,000	60,000
長期借入れによる収入	21	151,967	141,269
長期借入金の返済による支出	21	△69,475	△104,411
社債の発行による収入	21	295,598	215,023
社債の償還による支出	21	△88,766	△40,000
証券事業の短期借入金の純増減額（△は減少）	22	△33,000	△50,000
証券事業の長期借入れによる収入	22	18,488	－
カード事業の短期借入金の純増減額（△は減少）	23	5,019	3,312
カード事業のコマーシャル・ペーパーの純増減額（△は減少）	23	－	29,900
カード事業の長期借入れによる収入	23	176,087	183,777
カード事業の長期借入金の返済による支出	23	△137,926	△168,186
カード事業の社債の発行による収入	23	59,723	49,718
カード事業の社債の償還による支出	23	－	△20,000
銀行事業の短期借入金の純増減額（△は減少）	24	144,500	△480,110
銀行事業の長期借入れによる収入	24	382,600	1,823,800
銀行事業の長期借入金の返済による支出	24	－	△268,200
株式の発行による収入	31	159,047	0
その他の資本性金融商品の発行による収入	31	315,708	－
その他の資本性金融商品の所有者に対する分配額	31	△4,129	△14,251
自己株式の売却による収入	31	82,347	－
連結の範囲の変更を伴わない子会社株式の売却による収入	51	－	80,000
リース負債の返済による支出	25,46	△44,787	△57,774
配当金の支払額	41	△6,131	△7,118
その他		1,407	△12,457
財務活動によるキャッシュ・フロー合計		1,402,265	1,486,684
現金及び現金同等物に係る換算差額		15,853	7,730
現金及び現金同等物の増減額（△は減少）		1,388,995	284,059
現金及び現金同等物の期首残高	5	3,021,306	4,410,301
現金及び現金同等物の期末残高	5	4,410,301	4,694,360

【連結財務諸表注記】

1．一般的事項

(1) 報告企業

楽天グループ株式会社（以下「当社」）は，日本に所在する企業です。当社及び連結子会社（以下「当社グループ」）は，インターネットサービス，フィンテック及びモバイルという3つの事業を基軸としたグローバルイノベーションカンパニーであることから，「インターネットサービス」，「フィンテック」及び「モバイル」の3つを報告セグメントとしています。

これらのセグメントは，当社グループの構成単位のうち分離された財務情報が入手可能であり，取締役会が経営資源の配分の決定及び業績を評価するために，定期的に検討を行う対象となっています。

「インターネットサービス」セグメントは，インターネット・ショッピングモール『楽天市場』をはじめとする各種ECサイト，オンライン・キャッシュバック・サイト，旅行予約サイト，ポータルサイト，北米地域でのデジタルコンテンツサイト等の運営，メッセージングサービスの提供や，これらのサイトにおける広告等の販売，プロスポーツの運営等を行う事業により構成されています。

「フィンテック」セグメントは，インターネットを介した銀行及び証券サービス，クレジットカード関連サービス，生命保険サービス，損害保険サービス及び電子マネーサービスの提供等を行う事業により構成されています。

「モバイル」セグメントは，通信サービス及び通信技術の提供並びに北米地域以外でデジタルコンテンツサイト等の運営等を行う事業により構成されています。

(2) 作成の基礎

当社グループの連結財務諸表は，国際会計基準審議会によって公表されたIFRSに準拠して作成しています。当社は，連結財務諸表規則第1条の2に掲げる「指定国際会計基準特定会社」の要件を全て満たしているため，同第93条の規定を適用しています。

本連結財務諸表は，2023年3月30日に取締役会において承認されています。

(3) 連結範囲及び持分法適用範囲の重要な変更

第1四半期連結会計期間に，新設分割により楽天シンフォニー株式会社を設立したことにより，同社を連結の範囲に含めています。

また，第2四半期連結会計期間に，Robin Systems, Inc.の株式を追加取得したことにより，同社を連結の範囲に含めています。

更に，第4四半期連結会計期間に，株式移転により楽天証券ホールディングス株式会社を設立したことにより，同社を連結の範囲に含めています。

(4) 機能通貨及び表示通貨

当社グループ各社の財務諸表に含まれる項目は，当社グループ各社がそれぞれ営業活動を行う主たる経済環境の通貨（以下「機能通貨」）を用いて測定しています。連結財務諸表は当社の機能通貨であり，また，当社グループの表示通貨である日本円で表示しており，百万円未満を四捨五入して表示しています。

(5) 測定の基礎

連結財務諸表は，公正価値で測定する金融商品等を除き，取得原価を基礎として作成されています。

(6) 見積り及び判断の利用

IFRSに準拠した連結財務諸表の作成にあたり，一部の重要な事項について会計上の見積りを行う必要があります。また，当社グループの会計方針を適用する過程において，経営者が自ら判断を行うことが求められています。

高度の判断を要する項目，非常に複雑な項目，仮定や見積りが連結財務諸表に重要な影響を与える項目並びに翌連結会計年度において重要な修正をもたらすリスクのある仮定及び見積りの不確実性に関する情報は，「注記3. 重要な会計上の見積り及び判断」等において開示しています。

(7) 基準書及び解釈指針の早期適用

該当事項はありません。

(8) 未適用の公表済み基準書及び解釈指針

連結財務諸表の承認日までに公表されている主な基準書及び解釈指針の新設又は改訂は次のとおりであり，2022年12月31日現在において当社グループはこれを適用していません。

IFRS		強制適用時期 (以降開始年度)	当社グループ 適用時期	新設・改訂内容
IFRS第17号	保険契約	2023年1月1日	2023年1月1日	保険契約に関する改訂
IAS第1号	財務諸表の表示	2024年1月1日	2024年1月1日	債務及び他の負債を流動又は非流動にどのように分類するのかを明確化
IAS第1号	財務諸表の表示	2024年1月1日	2024年1月1日	特約条項付の長期債務に関して企業が提供する情報を改善するためのもの

IFRS第17号「保険契約」(以下「IFRS第17号」)は保険契約，再保険契約等に関する包括的な会計基準です。IFRS第17号は当社グループが保険契約を履行する際に発生すると見込まれる将来のキャッシュ・フローの現在価値，非金融リスクに係る明示的なリスク調整及び契約上のサービス・マージンであるCSM (Contractual service margin) について契約グループを測定するモデルが導入されています。

IFRS第17号では，各報告期間における保険収益は，当社グループが対価を受け取ることを見込んでいるサービスに関する残存カバーに係る負債の変動額及び保険獲得キャッシュ・フローの回収に関する保険料の配分額を表しています。また，投資要素は保険収益及び保険サービス費用には含まれません。

また，2023年1月1日より強制適用され，移行日である2022年1月1日時点にて修正再表示されます。

(当会計基準等の適用による影響)

上記基準の適用による当社グループの連結財務諸表に与える影響は，現時点で算定中です。

2. 重要な会計方針

当社グループは会計方針を連結財務諸表に表示されている全ての期間に首尾一貫して適用しています。

(1) 連結の基礎

① 子会社

子会社とは，当社グループにより支配されている企業（組成された事業体を含む）をいいます。当社グループが企業への関与による変動リターンにさらされている，又は変動リターンに対する権利を有している場合で，その企業に対するパワーを通じてこれらの変動リターンに影響を与えることができる場合には，当社グループはその企業を支配しています。当社グループがパワーを有しているか否かは，現時点で行使可能な潜在的議決権を考慮して決定しています。子会社の財務諸表は，支配開始日から支配終了日までの間，当社グループの連結財務諸表に含まれています。

当社グループの子会社に対する所有持分が変動した場合で，かつ，当社グループの当該子会社に対する支配が継続する場合は，資本取引として非支配持分の修正額と支払対価又は受取対価の公正価値との差額を資本に直接認識し，親会社の所有者に帰属させています。

当社グループ企業間の取引並びにこれに関連する資産及び負債は，連結手続において相殺消去しています。未実現損益は全額，これを消去しています。また，当社グループの会計方針と整合するよう，必要に応じて子会社の財務諸表を修正しています。

② 関連会社及び共同支配の取決め

関連会社とは，当社グループがその経営及び財務の方針に関する経営管理上の意思決定に対して，重要な影響力を有するが，支配的持分は有しない企業をいいます。一般的に，当社グループが議決権の20%から50%を保有する場合には，重要な影響力があると推定されています。当社グループが重要な影響力を有しているか否かの評価にあたり考慮されるその他の要因には，取締役会への役員の派遣等があります。これらの要因が存在する場合には，当該企業に対する当社グループの投資が議決権株式の20%未満であったとしても，当社グループが重要な影響力を有することがあります。

共同支配とは，取決めに対する契約上合意された支配の共有であり，取決めの変動リターンに重要な影響を及ぼす活動に関する意思決定に，支配を共有している当事者の全員一致の合意を必要とする場合にのみ存在します。共同支配の取決めへの投資は，各投資家が有する契約上の権利及び義務に基づいて，共同支配事業か共同支配企業のいずれかに分類されます。共同支配事業とは，取決めに対する共同支配を有する当事者が，当該取決めに関する資産に対する権利及び負債に対する義務を有している場合の共同支配の取決めであり，共同支配企業とは，取決めに対する共同支配を有する当事者が，当該取決めの純資産に対する権利を有している場合の共同支配の取決めをいいます。

関連会社及び共同支配企業に対する持分の投資は，IFRS第5号「売却目的で保有する非流動資産及び非継続事業」に従って会計処理される，売却目的で保有する資産等に分類される場合等を除いて，持分法により会計処理しています。関連会社及び共同支配企業の経営成績に対する当社グループの持分は，当社グループの会計方針と整合するように修正され，連結損益計算書において持分法による投資損益として認識しています。取引に係る未実現損益は，投資先に対する当社グループの持分の範囲で消去されています。持分法による会計処理では，関連会社及び共同支配企業に対する当社グループの投資は，当初，取得原価で計上された後，取得後の純利益（又は損失）に対する当社グループの持分及び当該関連会社又は共同支配企業の資本（又は純資産）に直接反映されたその他の変動に対する当社グループの持分を反映して，増額（又は減額）されます。

関連会社又は共同支配企業の持分取得に伴い生じたのれんは，当該投資の帳簿価額に含められており，持分法で会計処理されている投資全体に関して減損テストを行っています。当社グループは，各期末日現在において，関連会社又は共同支配企業に対する投資が減損しているということを示す客観的な証拠があるか否かを評価しています。投資が減損していることを示す客観的証拠がある場合，投資の回収可能価額（使用価値と処分費用控除後の公正価値のいずれか高い方）と帳簿価額を比較することにより，減損テストを行っています。過去の期間に認識された減損損失は，過去の減損損失計上後，投資の回収可能価額の決定に使用された見積りの変更があった場合にのみ，戻入れています。その場合，投資の帳簿価額は，減損損失の戻入れにより，回収可能価額まで増額しています。

共同支配事業への投資は，各共同支配事業の収益，費用，資産及び負債の持分をそれぞれの類似する科目に合算しています。

なお，一部の関連会社への投資について，IAS第28号「関連会社及び共同支配企業に対する投資」におけるベンチャー・キャピタル企業等に適用される規定に従って純損益を通じて公正価値で測定しています。

(2) 企業結合

当社グループは，企業結合に対して取得法を適用しています。企業結合において移転した対価には，当社グループから被取得企業の従前の所有者に対して移転した資産，発生した負債及び当社グループが発行した持分の公正価値が含まれています。また，移転した対価には，条件付対価の公正価値が含まれています。仲介手数料，弁護士費用，デューデリジェンス費用及びその他の専門家報酬，コンサルティング料等の，企業結合に関連して当社グループに発生する取引費用は，発生時に費用処理しています。

また，当社グループは，被取得企業に対する非支配持分のうち，現在の所有持分であり，清算時に企業の純資産に対する比例的な取り分を保有者に与えているものについて，企業結合取引ごとに，公正価値もしくは識別可能な被取得企業の純資産に対する非支配持分の持分割合相当額のいずれかで測定しています。

IFRS第3号「企業結合」に基づく認識の要件を満たす被取得企業の識別可能な資産，負債及び偶発負債は，以下を除いて，取得日の公正価値で測定しています。なお，取得日とは，支配が取得企業に移転した日をいいます。取得日及び支配がある当事者から他の当事者に移転したか否かを決定するためには，判断が必要な場合があります。

・繰延税金資産及び繰延税金負債はIAS第12号「法人所得税」に，従業員給付契約に係る負債（又は資産）はIAS第19号「従業員給付」に，また，株式報酬に係る負債はIFRS第2号「株式に基づく報酬」に準拠して，それぞれ認識及び測定しています。
・売却目的として分類される非流動資産又は事業は，IFRS第5号「売却目的で保有する非流動資産及び非継続事業」に準拠して測定しています。

移転した対価，被取得企業の非支配持分の金額及び以前に保有していた被取得企業の持分の取得日における公正価値の合計が，取得した識別可能な純資産の公正価値を超過する場合，その超過額をのれんとして計上しています。一方，移転した対価，被取得企業の非支配持分の金額及び以前に保有していた被取得企業の持分の取得日における公正価値の合計が，取得した識別可能な純資産の公正価値を下回る場合，割安購入として差額を純損益に直接認識しています。

企業結合の当初の会計処理が，企業結合が発生した連結会計年度末までに完了していない場合には，完了していない項目を暫定的な金額で報告しています。取得日時点に存在していた事実と状況を取得日当初に把握していたとしたら，認識される金額の測定に影響を与えていたと判断される期間（以下「測定期間」）に入手した場合，その情報を反映して，取得日に認識した暫定的な金額を遡及的に修正しています。この新たに得た情報が，資産と負債の新たな認識をもたらす場合には，追加の資産と負債を認識しています。測定期間は，最長で1年間です。

IFRS移行日より前の取得に係るのれんは，従前の会計基準に基づき認識した金額を基礎として報告しています。

(3)　外貨換算

①　外貨建取引

外貨建取引は，取引日における直物為替レートを適用することにより，機能通貨に換算しています。期末日における外貨建貨幣性資産及び負債は，期末日の為替レートで機能通貨に再換算しています。公正価値で測定される外貨建非貨幣性資産及び負債は，当該公正価値の算定日における為替レートで機能通貨に再換算しています。

これら取引の決済から生じる外国為替差額並びに外貨建貨幣性資産及び負債を期末日の為替レートで換算することによって生じる為替差額は，純損益で認識しています。ただし，非貨幣性項目に係る利益又は損失がその他の包括利益に計上される場合は，為替差額もその他の包括利益に計上しています。

②　在外営業活動体

在外営業活動体の資産及び負債（取得により発生したのれん及び公正価値の調整を含む）については期末日の為替レート，収益及び費用については期中の平均為替レートを用いて日本円に換算しています。

在外営業活動体の財務諸表の換算から生じる為替換算差額は，その他の包括利益で認識しています。

当該差額は「在外営業活動体の換算差額」として，その他の資本の構成要素に含めています。なお，在外営業活動体の持分全体の処分及び支配，重要な影響力又は共同支配の喪失を伴う持分の一部処分といった事実が発生した場合，当該換算差額を，処分損益の一部として純損益に振り替えています。

(4) 現金及び現金同等物

現金及び現金同等物は，手許現金，随時引き出し可能な預金及び容易に換金可能であり，かつ，価値の変動について僅少なリスクしか負わない取得日から３ヶ月以内に償還期限の到来する短期投資です。短期投資については，銀行事業に関するものを含みません。

(5) 金融商品

① 非デリバティブ金融資産

当社グループは，売上債権を，これらの発生日に当初認識しています。その他の金融資産は全て，当社グループが当該金融商品の契約の当事者になる取引日に当初認識しています。

金融資産の分類及び測定モデルの概要は，以下のとおりです。

<u>償却原価で測定する金融資産</u>

金融資産は，以下の要件を満たす場合に償却原価で事後測定する金融資産に分類しています。

・当社グループの事業モデルにおいて，当該金融資産の契約上のキャッシュ・フローを回収することを目的として保有している場合

・契約条件により，特定の日に元本及び元本残高に対する利息の支払のみであるキャッシュ・フローを生じさせる場合

償却原価で測定する金融資産は，公正価値に，取得に直接起因する取引費

用を加算した金額で当初認識しています。当初認識後，償却原価で測定する金融資産の帳簿価額については，実効金利法に基づき事後測定しています。

その他の包括利益を通じて公正価値で測定する負債性金融商品

金融資産は，以下の要件をともに満たす場合にその他の包括利益を通じて公正価値で事後測定する負債性金融商品に分類しています。

・当社グループの事業モデルにおいて，当該金融資産の契約上のキャッシュ・フローの回収と売却の両方を目的として保有している場合

・契約条件により，特定の日に元本及び元本残高に対する利息の支払のみであるキャッシュ・フローを生じさせる場合

その他の包括利益を通じて公正価値で測定する負債性金融商品は，公正価値に，取得に直接起因する取引費用を加算した金額で当初認識しています。また，当初認識後は公正価値で測定し，その事後的な変動をその他の包括利益として認識しています。その他の包括利益として認識した金額は，認識を中止した場合，その累計額を損益に振り替えています。

純損益を通じて公正価値で測定する金融商品

資本性金融商品に対する投資を除く金融資産で上記の償却原価で測定する区分及びその他の包括利益を通じて公正価値で測定する区分の要件を満たさないものは，公正価値で測定し，その変動を純損益で認識しています。当該資産には，売買目的で保有する金融資産が含まれています。

資本性金融商品に対する投資は公正価値で測定し，その変動を純損益で認識しています。ただし，当社グループが当初認識時に公正価値の変動をその他の包括利益に計上するという選択（取消不能）を行う場合は，この限りではありません。

純損益を通じて公正価値で測定する金融資産は，当初認識時に公正価値で認識し，取引費用は発生時に純損益で認識しています。

その他の包括利益を通じて公正価値で測定する資本性金融商品

当社グループは当初認識時に，資本性金融商品に対する投資における公正価値の変動をその他の包括利益で認識するという選択（取消不能）を行う場合があります。当該選択は，売買目的以外で保有する資本性金融商品に対する投資に対してのみ認められています。

その他の包括利益を通じて公正価値で測定する資本性金融商品は，公正価値に，取得に直接起因する取引費用を加算した金額で当初認識しています。当初認識後は公正価値で測定し，公正価値の変動は「その他の包括利益を通じて公正価値で測定する資本性金融商品の利得及び損失」として，その他の資本の構成要素に含めています。

なお，その他の包括利益を通じて公正価値で測定する資本性金融商品からの配当金については，「売上収益」又は「金融収益」として純損益で認識しています。

償却原価で測定する金融資産及びその他の包括利益を通じて測定する負債性金融商品の減損

当社グループは，償却原価で測定する金融資産及びその他の包括利益を通じて公正価値で測定する負債性金融商品については，期末日時点で金融商品にかかる信用リスクが当初認識以降に著しく増大していない場合には，期末日後12ヶ月以内の生じうる債務不履行から生じる予想信用損失（12ヶ月の予想信用損失）により貸倒引当金の額を算定しています。この場合，過去の貸倒実績率，公表されているデフォルト率，その他合理的に利用可能な将来予測情報等をもとに将来12ヶ月の予想信用損失を集合的に見積って当該金融商品にかかる貸倒引当金の額を算定しています。一方で，期末日時点で金融商品にかかる信用リスクが当初認識以降に著しく増大している場合には，当該金融商品の予想存続期間にわたる全ての生じうる債務不履行から生じる予想信用損失（全期間の予想信用損失）により貸倒引当金を算定しています。この場合，過去の貸倒実績率，将来の回収可能価額，公表されているデフォルト率，その他合理的に利用可能な将来予測情報等をもとに当該金融商品の回収にかかる全期間の予想信用損失を個別に見積って当該金融商品にかかる貸倒引当金の額を算定しています。

ただし，重大な金融要素を含んでいない売上債権等の営業債権及び契約資産（以下「営業債権等」）については，上記に関わらず，常に全期間の予想信用損失により貸倒引当金の額を算定しています。原則として，取引先の属性に応じて営業債権等をグルーピングした上で，過去の貸倒実績率，その他合理的に利用可能な将来予測情報等を考慮して集合的に予想信用損失を測定しています。一定の日数が経過した延滞した金融資産のうち債務者の重大な財政的困難等により金融資産の回収可能性が特に懸念されるものであると判断された場合には，信用減損が発生しているものと判定しています。

当社グループは，信用減損した金融資産について，将来の回収が見込めない場合は直接償却を行っています。

直接償却を行った場合でも履行に向けて回収活動を継続し，回収が行われた場合は純損益に回収額を計上します。

金融資産の認識の中止

当社グループは，金融資産から生じるキャッシュ・フローに対する契約上の権利が失効した場合，又は，当該金融資産の所有にかかるリスク及び便益を実質的に全て移転する取引において，金融資産から生じるキャッシュ・フローを受け取る契約上の権利を移転する場合に，当該金融資産の認識を中止しています。移転した金融資産に関して当社グループが創出した，又は当社グループが引き続き保有する権利については，別個の資産・負債として認識しています。

② 非デリバティブ金融負債

当社グループは，当社グループが発行した負債証券を，その発行日に当初認識しています。その他の金融負債は全て，当社グループが当該金融商品の契約の当事者になる取引日に当初認識しています。

当社グループは，金融負債が消滅した場合，つまり，契約上の義務が免責，取消又は失効となった場合に，金融負債の認識を中止しています。

当社グループは，非デリバティブ金融負債として，仕入債務，銀行事業の預金，証券事業の金融負債，社債及び借入金，並びにその他の金融負債を有しており，公正価値で当初認識し，実効金利法に基づき償却原価で事後測定しています。

なお，一部の銀行事業の預金については，資産若しくは負債の測定又は利得若しくは損失の認識を異なったベースで行うことから生じるであろう測定上又は認識上の不整合を大幅に削減するために，純損益を通じて公正価値で測定する金融負債として指定しています。当該金融負債の公正価値の変動金額のうち，当該負債の信用リスクの変動に起因するものは，その他の資本の構成要素に含まれます。

③ デリバティブ

<u>ヘッジ会計の要件を満たすデリバティブ</u>

当社グループは，公正価値変動リスク，金利変動リスク及び為替変動リスクをヘッジするため，デリバティブを利用しています。これらに用いられるデリバティブは，主に金利スワップ，先渡，オプション，為替予約及び通貨スワップです。

当初のヘッジ指定時点において，当社グループは，ヘッジ手段とヘッジ対象及びその関係，リスク管理目的，ヘッジ取引を実行する際の戦略，ヘッジされるリスクの性質，ヘッジ関係の有効性の評価方法，並びにヘッジ非有効部分の測定方法を文書化しています。

当社グループは，ヘッジ手段がヘッジ対象期間において関連するヘッジ対象の公正価値又はキャッシュ・フローの変動に対して高度に相殺効果を有すると予想することが可能であるか否かについて，ヘッジ指定時点で評価するとともに，その後も毎期継続的に評価しています。

ヘッジ手段であるデリバティブは公正価値で当初認識し，関連する取引費用は発生時に純損益として認識しています。当初認識後は，デリバティブは公正価値で測定し，その変動は以下のように会計処理しています。

・公正価値ヘッジ

ヘッジ手段であるデリバティブを公正価値で事後測定することによる利得又は損失は，純損益で認識しています。ヘッジされたリスクに起因するヘッジ対象に係る利得又は損失は，純損益で認識するとともにヘッジ対象の帳簿価額を修正しています。ただし，ヘッジ対象が，公正価値の変動をその他の包括利益で測定する資本性金融商品である場合は，ヘッジ手段であるデリバティブを公正価値で事後測定することによる利得又は損失は，その他の包括利益で認識しています。公正価値ヘッジがヘッジ会計の要件を満たさない場合，又はヘッジ手段が失効，売却，終了若しくは行使された場合はヘッジ会計の適用を将来に向けて中止しています。

・キャッシュ・フロー・ヘッジ

デリバティブを，認識済み資産・負債に関連する特定のリスクに起因し，かつ，純損益に影響する可能性があるキャッシュ・フローの変動をヘッジするためのヘッジ手段として指定した場合，デリバティブの公正価値の変動のうちヘッジ有効部分は，「キャッシュ・フロー・ヘッジにおいてその他の包括利益に認識された金額」として，その他の資本の構成要素に含めています。キャッシュ・フロー・ヘッジの残高は，ヘッジ対象のキャッシュ・フローが純損益に影響を及ぼす期間と同一期間に，連結包括利益計算書においてその他の包括利益から控除し，ヘッジ対象と同一の項目で純損益に振り替えています。デリバティブの公正価値の変動のうちヘッジ非有効部分は，即時に純損益で認識しています。しかしながら，ヘッジ対象が非金融資産又は非金融負債の認識を生じさせるものである場合には，その他の包括利益として認識されている金額は，非金融資産又は非金融負債の当初の帳簿価額の修正として処理しています。

なお，キャッシュ・フロー・ヘッジがヘッジ会計の要件を満たさない場合，又はヘッジ手段が失効，売却，終了若しくは行使された場合はヘッジ会計の適用を将来に向けて中止し，その他の包括利益として認識した金額をその他の資本の構成要素から純損益に振り替えています。

ヘッジ会計の要件を満たさないデリバティブ

当社グループには，ヘッジ目的で保有しているデリバティブのうちヘッジ会計の要件を満たしていないものがあります。また当社グループは，デリバティブをヘッジ目的以外のトレーディング目的でも保有しています。これらのデリバティブの公正価値の変動は全て即時に純損益で認識しています。

組込デリバティブ

金融商品及びその他の契約の中に，デリバティブ及び非デリバティブ金融商品の双方が結合されていることがあります。そのような契約に含まれるデリバティブの部分は，組込デリバティブと呼ばれ，非デリバティブの部分が主契約となります。主契約が金融負債である場合，組込デリバティブの経済的特徴とリスクが主契約と密接に関連せず，組込デリバティブと同一条件の独立の金融商品がデリバティブの定義に該当し，複合契約自体が純損益を通じて公正価値で測定する金融負債として分類されない場合には，組込デリバティブは主契約から分離され，デリバティブとして会計処理しています。主契約の金融負債は，非デリバティブ金融負債に適用される会計方針により会計処理しています。

④ **金融資産及び金融負債の表示**

金融資産及び金融負債は，当社グループがそれらの残高を相殺する法的権利を有し，純額で決済するか，又は資産の実現と負債の決済を同時に行う意図を有する場合にのみ，連結財政状態計算書上で相殺し，純額で表示しています。

⑤ **金融保証契約**

金融保証契約とは，負債性金融商品の当初又は変更後の条件に従った期日が到来しても，特定の債務者が支払を行わないために保証契約保有者に発生する損失を契約発行者がその保有者に対し補填することを要求する契約です。

これら金融保証契約は当初契約時点において，公正価値により測定しています。当初認識後は，公正価値で測定されるものを除き，貸倒引当金の額と当初認識額から認識した収益の累計額を控除した額のうち，いずれか高い方で測定しています。

(6) 有形固定資産

全ての有形固定資産は，取得原価から減価償却累計額及び減損損失累計額を控除した価額で計上しています。

取得原価には資産の取得に直接関連する費用，資産の解体及び除去費用，並びに原状回復費用の当初見積額が含まれています。また，意図した使用又は販売が可能となるまでに相当の期間を必要とするような資産に関して，その資産の取得，建設又は製造に直接起因する借入コストは，当該資産取得の一部として資産化しています。なお，その他の借入コストは全て，発生した期に費用として認識しています。当初認識後の測定モデルとして原価モデルを採用しています。

減価償却費は，償却可能価額をもとに算定しています。償却可能価額は，資産の取得原価から残存価額を差し引いて算出しています。

減価償却については，有形固定資産の各構成要素の見積耐用年数にわたり，主に定額法に基づいています。使用権資産については，リース契約の終了までに当社グループが所有権を獲得することが合理的に確実な場合を除き，リース期間又は経済的耐用年数のいずれか短い期間で償却しています。なお，土地は償却していません。

主要な有形固定資産の前連結会計年度及び当連結会計年度における見積耐用年数は，以下のとおりです。

・建物及び建物附属設備　　2－50年
・工具，器具及び備品　　2－20年
・機械設備　　4－42年

減価償却方法，耐用年数及び残存価額は，期末日に見直しを行い，必要に応じ改定しています。

(7)　無形資産

①　のれん

当初認識

子会社の取得により生じたのれんは，無形資産に計上しています。当初認識時におけるのれんの測定については，(2) 企業結合に記載しています。

当初認識後の測定

のれんは，取得原価から減損損失累計額を控除して測定しています。

②　ソフトウエアに係る支出の資産化

当社グループは，主として内部利用目的のソフトウエアを購入又は開発するための特定のコストを支出しています。

新しい科学的又は技術的知識の獲得のために行われる研究活動に対する支出は，発生時に費用計上しています。開発活動による支出については，信頼性をもって測定可能であり，技術的に実現可能であり，将来の経済的便益を得られる可能性が高く，当社グループが開発を完成させ，当該資産を使用又は販売する意図及びそのための十分な資源を有している場合にのみ，ソフトウエアとして資産計上しています。

資産計上したソフトウエアは，取得原価から償却累計額及び減損損失累計額を控除して測定しています。

③ 企業結合により取得した無形資産

企業結合により取得し，のれんとは区分して認識した商標権等の無形資産は取得日の公正価値で計上しています。

その後は，取得原価から償却累計額及び減損損失累計額を控除して測定しています。

④ その他の無形資産

当社グループが取得したその他の無形資産で，耐用年数が確定できる無形資産については，取得原価から償却累計額及び減損損失累計額を控除して測定しています。

⑤ 償却

償却費は，資産の取得原価から残存価額を差し引いた額に基づいています。耐用年数が確定できる無形資産のうち，企業結合により取得した保険契約及び保険事業の顧客関連資産については，保険料収入が見込める期間にわたる保険料収入の発生割合に基づく方法により，それ以外の無形資産については，定額法により償却しています。これらの償却方法を採用している理由は，無形資産によって生み出される将来の経済的便益の消費の想定パターンに最も近似していると考えられるためです。

主要な耐用年数が確定できる無形資産の前連結会計年度及び当連結会計年度における見積耐用年数は，以下のとおりです。

・ソフトウエア　主として5年

・保険契約及び保険事業の顧客関連資産　30年

償却方法，耐用年数及び残存価額は，期末日に見直しを行い，必要に応じ改定しています。

(8) リース取引（借手）

リース取引におけるリース負債は，リース開始日におけるリース料総額の未決済分の割引現在価値として測定を行っています。使用権資産については，リース負債の当初測定額に当初直接コスト，前払リース料等を調整し，リース契約に基づき要求される原状回復義務等のコストを加えた額で当初の測定を行っています。

なお，リース料総額の未決済分の割引現在価値を算定する場合に使用すべき割引率は，実務上可能な場合にはリースの計算利子率とし，実務上不可能な場合には，借手の追加借入利子率を用いています。

リース料は，リース負債残高に対して一定の利子率となるように，金利費用とリース負債残高の返済部分とに配分しています。金融費用は，連結損益計算書上，使用権資産に係る減価償却費と区分して表示しています。

契約がリースであるか否か，又は契約にリースが含まれているか否かについては，法的にはリースの形態を取らないものであっても，契約の実質に基づき判断しています。

(9) 投資不動産

その他の資産に含まれる投資不動産の測定においては，原価モデルを採用し，取得原価から減価償却累計額及び減損損失累計額を控除した後の金額で表示しています。投資不動産は，主に3～39年の範囲で見積耐用年数に基づき，定額法にて償却を行っています。

(10) 非金融資産の減損

棚卸資産及び繰延税金資産を除く当社グループの非金融資産の帳簿価額は，四半期ごとに減損の兆候の有無を判断しています。減損の兆候が存在する場合は，当該資産の回収可能価額を見積っています。のれん及び耐用年数を確定できない，又はまだ使用可能ではない無形資産については，回収可能価額を各連結会計年度における一定時期に見積っています。

資産，資金生成単位又は資金生成単位グループの回収可能価額は，使用価値と処分費用控除後の公正価値のうち，いずれか高い金額としています。使用価値の算定において，見積将来キャッシュ・フローは，貨幣の時間的価値及び当該資産の固有のリスクを反映した税引前の割引率を用いて，現在価値に割り引いています。資金生成単位については，継続的に使用することにより他の資産又は資産グループのキャッシュ・イン・フローから，概ね独立したキャッシュ・イン・フローを生み出す最小単位の資産グループとしています。

資金生成単位については，原則として各社を資金生成単位としています。のれんは，内部報告目的で管理される単位に基づき，資金生成単位又は資金生成単位グループに配分しています。

全社資産は独立したキャッシュ・イン・フローを生み出していないため，全社資産に減損の兆候がある場合，全社資産が帰属する資金生成単位の回収可能価額を算定して判断しています。

減損損失は，資産，資金生成単位又は資金生成単位グループの帳簿価額が回収可能価額を超過する場合に，純損益で認識しています。資金生成単位に関連して認識した減損損失は，まずその単位に配分されたのれんの帳簿価額を減額するように配分し，次に資金生成単位内のその他の資産の帳簿価額を比例的に減額するように配分しています。

のれんに関連する減損損失については，戻入れていません。過去に認識したその他の資産の減損損失については，四半期ごとに，損失の減少又は消滅を示す兆候の有無を判断しています。減損の戻入れの兆候があり，回収可能価額の決定に使用した見積りが変化した場合は，減損損失を戻入れています。減損損失については，減損損失を認識しなかった場合の帳簿価額から必要な減価償却費又は償却費を控除した後の帳簿価額を超えない金額を上限として，戻入れています。

(11) 引当金

当社グループが，過去の事象の結果として現在の法的又は推定的債務を有しており，当該債務を決済するために経済的便益を有する資源の流出が必要となる可能性が高く，当該債務の金額について信頼性のある見積りができる場合に，引当金を認識しています。

引当金は，現時点の貨幣の時間的価値の市場評価と当該債務に特有なリスクを反映した税引前の割引率を用いて，債務の決済に必要とされると見込まれる支出の現在価値として測定しています。

(12) 保険会計

保険会計一般

保険者が自ら発行した保険契約及び保険者が保有する再保険契約に関しては，IFRS第4号「保険契約」に準拠し，従来から日本において適用されている保険業法及び保険業法施行規則に基づいた会計処理を適用しています。

保険事業の保険契約準備金

当社グループは，市場金利に基づいた割引率により保険負債を測定し，貨幣の時間価値を反映するために，当報告期間中に保険負債の帳簿価額に対して発生した利息を純損益に，それ以外の割引率の変動に伴う保険負債の変動額をその他の包括利益に認識しています。

負債の十分性テストに関しては，関連する保険料，資産運用収益等のキャッシュ・イン・フロー及び保険給付，事業費等のキャッシュ・アウト・フローの見積り現在価値を考慮し実施しています。負債が十分でないことが判明した場合には，不足額の全額を費用として認識しています。

(13) 資本

普通株式

当社が発行した資本性金融商品は，発行価額を資本金及び資本剰余金に計上し，直接発行費用（税効果考慮後）は資本剰余金から控除しています。

自己株式

自己株式を取得した場合は，直接取引費用（税効果考慮後）を含む支払対価を，資本の控除項目として認識しています。自己株式を売却した場合，受取対価を資本の増加として認識しています。

(14)　株式報酬

当社グループは，取締役及び従業員に対するインセンティブ制度としてストック・オプション制度を導入しています。株式報酬の付与日における公正価値は，付与日から権利が確定するまでの期間にわたり，人件費として認識し，同額を資本剰余金の増加として認識しています。付与されたオプションの公正価値は，オプションの諸条件を考慮し，ブラック・ショールズ・モデル等を用いて算定しています。また，条件については定期的に見直し，必要に応じて権利確定数の見積りを修正しています。

(15)　収益の認識

当社グループでは，IFRS第9号「金融商品」に基づく利息や配当収益等，IFRS第4号「保険契約」に基づく保険料収入及びIFRS第16号「リース」に基づくリース収益を除き，以下の5ステップアプローチに基づき，顧客への財やサービスの移転との交換により，その権利を得ると見込む対価を反映した金額で収益を認識しています。

ステップ1：顧客との契約を識別する。
ステップ2：契約における履行義務を識別する。
ステップ3：取引価格を算定する。
ステップ4：取引価格を契約における別個の履行義務へ配分する。
ステップ5：履行義務を充足した時点で(又は充足するにつれて)収益を認識する。

また，顧客との契約獲得のための増分コスト及び契約に直接関連する履行コストの内，回収可能であると見込まれる部分について資産（以下「契約コストから認識した資産」）として認識しています。契約獲得のための増分コストとは，顧客との契約を獲得するために発生したコストで，当該契約を獲得しなければ発生しなかったであろうものです。契約コストから認識した資産については，顧客の見積契約期間に応じて4年間から11年間の均等償却を行っています。

(16)　金融収益及び金融費用

金融収益は，主として受取利息，受取配当金及び純損益を通じて公正価値で測定する金融商品の公正価値の変動等から構成されています。受取利息は，実効金利法により発生時に認識しています。受取配当金は，当社グループの受領権が確定した日に認識しています。

一方，金融費用は，主として支払利息等から構成されています。支払利息は，実効金利法により発生時に認識しています。

なお，当社グループにおける金融事業を営む子会社から生じた金融収益及び金融費用は，「売上収益」及び「営業費用」に含められています。

(17) 政府補助金

政府補助金は，補助交付のための付帯条件を満たし，補助金が受領されることについて合理的な保証が得られた時に認識しています。収益に関する政府補助金は，補助金により補償される費用が認識される期間にわたって，純損益として認識しています。資産に関する政府補助金は，繰延収益として認識し，関連する資産の耐用年数にわたって規則的に純損益に認識しています。純損益として認識された補助金については，関連する費用から控除する方法を採用しています。

(18) 従業員給付

① 短期従業員給付

短期従業員給付については，割引計算は行わず，関連するサービスが提供された時点で費用として計上しています。賞与については，それらを支払うべき現在の法的又は推定的債務を負っており，かつ，その金額を信頼性をもって見積ることができる場合に，それらの制度に基づいて支払われると見積られる額を負債として認識しています 。

② 退職給付

当社グループは，退職給付制度として，主に確定給付制度を採用しています。

<u>確定給付制度</u>

確定給付負債（資産）の純額は，確定給付制度債務の現在価値から，制度資産の公正価値（必要な場合には，確定給付資産の上限，最低積立要件への調整を含む）を控除したものであり，退職給付に係る資産又は負債として連結財政

状態計算書で認識しています。確定給付制度債務は，予測単位積増方式に基づいて算定され，その現在価値は，将来の予想支払額に割引率を適用して算定しています。割引率は，給付が見込まれる期間に近似した満期を有する優良社債の利回りを参照して決定しています。

勤務費用及び確定給付負債（資産）の純額に係る利息純額は純損益として認識しています。数理計算上の差異，純利息費用に含まれる部分を除く制度資産に係る収益の変動については，それらが生じた期間において確定給付制度に係る再測定としてその他の包括利益に認識しています。また，過去勤務費用は，制度改訂又は縮小が発生した時，あるいは関連するリストラクチャリング費用又は解雇給付を認識した時の，いずれか早い方の期において純損益として認識しています。

(19)　法人所得税

法人所得税費用は，当期税金及び繰延税金から構成されています。これらは，企業結合から生じた項目，その他の包括利益で認識される項目及び資本に直接認識される項目に関連する税金を除き，純損益で認識しています。

当期税金は，期末日において施行され，又は実質的に施行されている法定税率（及び税法）を使用して，税務当局に納付（又は税務当局から還付）される予想額で算定しています。

繰延税金資産あるいは繰延税金負債は，ある資産又は負債の連結財政状態計算書上の帳簿価額と税務上の基準額との間に生じる一時差異に対して，認識しています。ただし，一時差異が，企業結合以外の取引で，取引日に会計上の純損益にも課税所得（欠損金）にも影響しない取引における，資産又は負債の当初認識から生じる場合は，繰延税金資産及び繰延税金負債を認識していません。

繰延税金資産あるいは繰延税金負債の算定には，期末日において施行され，又は実質的に施行されている法令に基づき，関連する繰延税金資産が実現する時，又は繰延税金負債が決済される時において適用されると予想される税率を使用しています。

繰延税金資産は，それらが利用される将来の課税所得を稼得する可能性が高い範囲内で，全ての将来減算一時差異及び全ての未使用の繰越欠損金及び税額控除について認識しています。

子会社，関連会社及び共同支配企業に対する投資に係る一時差異について，繰延税金資産又は繰延税金負債を認識しています。ただし，繰延税金負債については，一時差異の解消時期をコントロールでき，かつ，予測可能な期間内での一時差異の解消が期待できない可能性が高い場合には認識していません。また，繰延税金資産については，一時差異からの便益を利用するのに十分な課税所得があり，予測可能な期間内で一時差異の解消される可能性が高いと認められる範囲内で認識しています。

繰延税金資産及び繰延税金負債の相殺が行われるのは，当期税金資産と当期税金負債を相殺する法的に強制力のある権利を有しており，かつ，繰延税金資産及び繰延税金負債が単一の納税事業体又は純額ベースでの決済を行うことを意図している異なる納税事業体に対して，同一の税務当局によって課されている法人所得税に関連するものに対してです。

当社及び一部の子会社は，連結納税制度を適用しています。

(20) 1株当たり利益

当社グループは，普通株式に係る基本的及び希薄化後1株当たり利益又は損失（親会社の所有者に帰属）を開示しています。基本的1株当たり利益又は損失は，当期利益又は損失（親会社の所有者に帰属）を，その期間の自己株式を調整した発行済普通株式の加重平均株式数で除して算定しています。希薄化後1株当たり利益又は損失は，全ての希薄化効果のある潜在的普通株式による影響について，当期利益又は損失（親会社の所有者に帰属）及び自己株式を調整した発行済株式の加重平均株式数を調整することにより算定しています。当社グループの潜在的普通株式は，ストック・オプション制度に係るものです。

(21) セグメント情報

事業セグメントとは，他の事業セグメントとの取引を含む，収益を稼得し費用を発生させる事業活動の構成単位です。全ての事業セグメントの事業の成果は，個別にその財務情報が入手可能なものであり，かつ，各セグメントへの経営資源の配分及び業績の評価を行うために，当社グループの最高経営意思決定者である取締役会において定期的にレビューしています。

[表示方法の変更]

(連結財政状態計算書関係)

前連結会計年度において,「社債及び借入金」に含めていた「銀行事業の借入金」は，表示の明瞭性を高める観点から，第2四半期連結会計期間末より独立掲記しています。また，前連結会計年度において，「社債及び借入金」に含めていた「証券事業の借入金」及び「カード事業の社債及び借入金」は，表示の明瞭性を高める観点から，第3四半期連結会計期間末よりそれぞれ独立掲記しています。

これらの表示方法の変更を反映させるため，前連結会計年度の連結財務諸表の組替を行っています。

この結果，前連結会計年度の連結財政状態計算書において，「社債及び借入金」に表示していた3,402,912百万円は,「社債及び借入金」1,355,255百万円,「証券事業の借入金」207,505百万円,「カード事業の社債及び借入金」733,852百万円及び「銀行事業の借入金」1,106,300百万円として組み替えています。

(連結キャッシュ・フロー計算書関係)

前連結会計年度において，「財務活動によるキャッシュ・フロー」の「短期借入金の純増減額(△は減少)」に含めていた「銀行事業の短期借入金の純増減額(△は減少)」及び「長期借入れによる収入」に含めていた「銀行事業の長期借入れによる収入」は，表示の明瞭性を高める観点から，第2四半期連結会計期間よりそれぞれ独立掲記しています。また，前連結会計年度において，「財務活動によるキャッシュ・フロー」の「短期借入金の純増減額(△は減少)」に含めていた「証券事業の短期借入金の純増減額(△は減少)」及び「カード事業の短期借入金の純増減額(△は減少)」,「長期借入れによる収入」に含めていた「証券事業の長期借入れによる収入」及び「カード事業の長期借入れによる収入」並びに「長期借入金の返済による支出」に含めていた「カード事業の長期借入金の返済による支出」は,表示の明瞭性を高める観点から，第3四半期連結会計期間よりそれぞれ独立掲記しています。更に，前連結会計年度において，「財務活動によるキャッシュ・フロー」の「社債の発行による収入」に含めていた「カード事業の社債の発行による収入」は，表示の明瞭性を高める観点から，当連結会計年度より独立掲記しています。

これらの表示方法の変更を反映させるため，前連結会計年度の連結財務諸表の組替を行っています。

この結果，前連結会計年度の連結キャッシュ・フロー計算書において，「短期借入金の純増減額（△は減少）」に表示していた116,507百万円は，「短期借入金の純増減額（△は減少）」△12百万円，「証券事業の短期借入金の純増減額（△は減少）」△33,000百万円,「カード事業の短期借入金の純増減額（△は減少）」5,019百万円及び「銀行事業の短期借入金の純増減額（△は減少）」144,500百万円として組み替えています。「長期借入れによる収入」に表示していた729,142百万円は，「長期借入れによる収入」151,967百万円，「証券事業の長期借入れによる収入」18,488百万円，「カード事業の長期借入れによる収入」176,087百万円及び「銀行事業の長期借入れによる収入」382,600百万円として組み替えています。「長期借入金の返済による支出」に表示していた△207,401百万円は，「長期借入金の返済による支出」△69,475百万円及び「カード事業の長期借入金の返済による支出」△137,926百万円として組み替えています。「社債の発行による収入」に表示していた355,321百万円は，「社債の発行による収入」295,598百万円及び「カード事業の社債の発行による収入」59,723百万円として組み替えています。

3. 重要な会計上の見積り及び判断

(1) 重要な会計上の見積り及び仮定

当社グループは，IFRSに準拠した連結財務諸表の作成において，会計方針の適用並びに資産，負債，収益及び費用の報告額に影響を及ぼす判断，会計上の見積り及び仮定を用いています。これらの見積り及び仮定は，過去の経験及び利用可能な情報を収集し，決算日において合理的であると考えられる様々な要因等を勘案した経営者の最善の判断に基づいています。しかしながら，その性質上，これらの見積り及び仮定に基づく数値は実際の結果と異なる可能性があります。

見積り及びその基礎となる仮定は継続して見直しています。これらの見積りの見直しによる影響は，当該見積りを見直した期間及び将来の期間において認識しています。

① 非金融資産の減損

1） 当連結会計年度の連結財務諸表に計上した金額

注記17.有形固定資産及び注記18.無形資産をご参照ください。

2） 識別した項目に係る重要な会計上の見積りの内容に関する情報

a) 見積りの算出方法

注記2. 重要な会計方針 （10）非金融資産の減損をご参照ください。

b) 金額の算出に用いた主要な仮定

注記17. 有形固定資産及び注記18. 無形資産をご参照ください。

c) 翌連結会計年度の連結財務諸表に与える影響

当該判断及び仮定の前提とした状況が変化すれば，回収可能価額の算定結果が著しく異なる結果となる可能性があります。

② 繰延税金資産の回収可能性

1） 当連結会計年度の連結財務諸表に計上した金額

注記30.繰延税金及び法人所得税費用をご参照ください。

2） 識別した項目に係る重要な会計上の見積りの内容に関する情報

a) 見積りの算出方法

注記2. 重要な会計方針 （19）法人所得税をご参照ください。

b) 金額の算出に用いた主要な仮定

注記30. 繰延税金及び法人所得税費用をご参照ください。

c) 翌連結会計年度の連結財務諸表に与える影響

当該判断及び仮定の前提とした状況の変化や将来の税法の改正等により，繰延税金資産や繰延税金負債の金額に重要な影響を及ぼす可能性があります。

③ デリバティブを含む公正価値で測定する金融商品の公正価値の決定方法

1) 当連結会計年度の連結財務諸表に計上した金額

注記44. 金融商品の公正価値をご参照ください。

2) 識別した項目に係る重要な会計上の見積りの内容に関する情報

a) 見積りの算出方法

当社グループが保有するデリバティブを含む公正価値で測定する金融資産及び金融負債は，同一の資産又は負債について，活発な市場における公表価格，当該資産又は負債について直接に又は間接に観察可能な前述の公表価格以外のインプットを使用して算定された公正価値，もしくは観察不能なインプットを含む評価技法によって算定された公正価値を用いて評価しています。

b) 金額の算出に用いた主要な仮定

観察不能なインプットを含む評価技法によって算定される公正価値は，適切な基礎率，仮定及び採用する計算モデルの選択等，当社グループの経営者による判断及び仮定を前提としています。

c) 翌連結会計年度の連結財務諸表に与える影響

当該判断及び仮定の前提とした状況の変化等により，金融商品の公正価値の算定に重要な影響を及ぼす可能性があります。

④ 償却原価で測定する金融資産及びその他の包括利益を通じて公正価値で定する負債性金融商品の減損

1) 当連結会計年度の連結財務諸表に計上した金額

注記15. 貸倒引当金及び注記47.財務リスク管理をご参照ください。

2) 識別した項目に係る重要な会計上の見積りの内容に関する情報

a) 見積りの算出方法

当社グループは，償却原価で測定する金融資産及びその他の包括利益を通じて公正価値で測定する負債性金融商品にかかる予想信用損失は，契約に従って受け取る契約上の将来キャッシュ・フローと，受け取ると見込んでいる将来キャッシュ・フローとの差額の現在価値について認識しています。

b) 金額の算出に用いた主要な仮定

将来キャッシュ・フローの見積りに際しては，債務不履行の可能性，発生損失額に関する過去の傾向，合理的に予想される将来の事象等を考慮しています。

c) 翌連結会計年度の連結財務諸表に与える影響

当該判断及び仮定の前提とした状況が変化すれば，償却原価及びその他の包括利益を通じて公正価値で測定する負債性金融商品の減損損失の金額が著しく異なる可能性があります。

(2) 会社の会計方針を適用する際の重要な判断

当社グループの会計方針を適用する過程において，当社グループの経営者は，連結財務諸表で認識される金額に重要な影響を与えるような判断を行っています。

当社グループは，主として銀行事業やカード事業において支配の決定に際して，議決権又は類似の権利が支配の決定的な要因とならないように設計された事業体（以下「組成された事業体」）への関与を有しており，当社グループの経営者は，当該事業体を支配しているかどうかの判断を行っています。判断においては，組成された事業体への関与に関する全ての関連性のある事実と状況を考慮し，決定を行っています。

2 財務諸表等

(1) 【財務諸表】

① 【貸借対照表】

(単位：百万円)

	前事業年度 (2021年12月31日)	当事業年度 (2022年12月31日)
資産の部		
流動資産		
現金及び預金	※1 304,406	※1 92,605
売掛金	※1 188,129	※1 203,068
商品	14,673	14,240
貯蔵品	380	548
前払費用	9,596	9,624
未収入金	※1 404,421	※1 480,563
未収還付法人税等	5,391	5,736
関係会社短期貸付金	※2 452,714	※2 648,056
その他	※1 125,627	※1 157,735
貸倒引当金	△460	△571
流動資産合計	1,504,880	1,611,606
固定資産		
有形固定資産		
建物	14,446	18,944
機械装置及び運搬具	248	236
工具、器具及び備品	12,225	19,463
土地	428	3,682
建設仮勘定	4,893	12,372
その他	7,179	16,869
有形固定資産合計	39,422	71,568
無形固定資産		
のれん	7,197	4,393
特許権	612	446
商標権	386	371
ソフトウエア	56,987	60,369
ソフトウエア仮勘定	9,550	11,782
その他	14,164	10,931
無形固定資産合計	88,897	88,294
投資その他の資産		
投資有価証券	※5 173,974	※5 67,518
関係会社株式	1,176,505	1,702,619
関係会社出資金	10,402	10,402
関係会社長期貸付金	※2 7,152	※2 6,339
破産更生債権等	4,850	6,047
長期前払費用	853	955
敷金及び保証金	9,982	10,578
繰延税金資産	121,040	109,708
その他	26,296	26,925
貸倒引当金	△5,952	△7,182
投資その他の資産合計	1,525,105	1,933,914
固定資産合計	1,653,425	2,093,777
資産合計	3,158,305	3,705,384

（単位：百万円）

	前事業年度 (2021年12月31日)	当事業年度 (2022年12月31日)
負債の部		
流動負債		
買掛金	※1 35,081	※1 34,899
コマーシャル・ペーパー	114,000	174,000
短期借入金	※3 31,666	※3 168,334
1年内償還予定の社債	40,000	10,000
未払金	※1 423,392	※1 532,491
未払費用	※1 23,746	※1 26,439
未払法人税等	3,006	−
前受金	4,662	4,796
預り金	※1 177,084	※1 248,875
ポイント引当金	183,822	223,024
賞与引当金	5,560	6,077
仮受金	2,849	1,778
その他	3,063	4,275
流動負債合計	1,047,936	1,434,992
固定負債		
社債	※1 1,044,815	※1 1,252,397
長期借入金	224,167	180,501
退職給付引当金	14,884	19,666
資産除去債務	7,216	11,349
その他	16,091	24,216
固定負債合計	1,307,176	1,488,131
負債合計	2,355,112	2,923,123
純資産の部		
株主資本		
資本金	289,673	294,061
資本剰余金		
資本準備金	257,210	261,597
その他資本剰余金	365	365
資本剰余金合計	257,575	261,963
利益剰余金		
その他利益剰余金		
繰越利益剰余金	288,649	192,735
利益剰余金合計	288,649	192,735
自己株式	△0	△0
株主資本合計	835,899	748,759
評価・換算差額等		
その他有価証券評価差額金	△61,340	469
評価・換算差額等合計	△61,340	469
新株予約権	28,634	33,032
純資産合計	803,192	782,261
負債純資産合計	3,158,305	3,705,384

② 【損益計算書】

（単位：百万円）

	前事業年度 （自 2021年１月１日 至 2021年12月31日）	当事業年度 （自 2022年１月１日 至 2022年12月31日）
売上高	※2 783,268	※2 749,420
売上原価	※2 297,476	※2 220,841
売上総利益	485,792	528,578
販売費及び一般管理費	※1,※2 478,185	※1,※2 510,721
営業利益	7,607	17,857
営業外収益		
受取利息	※2 3,108	※2 6,317
受取配当金	※2 51,987	※2 139,097
その他	※2 1,406	※2 2,828
営業外収益合計	56,501	148,244
営業外費用		
支払利息	※2 20,548	※2 28,058
為替差損	※2 8,729	※2 12,577
支払手数料	8,530	※2 4,943
関係会社債権放棄損	－	※2 4,242
その他	3,637	※2 2,801
営業外費用合計	41,445	52,623
経常利益	22,662	113,477
特別利益		
抱合せ株式消滅差益	96	－
固定資産売却益	※2,※3 6	※2,※3 175
投資有価証券売却益	171	9
関係会社清算益	8,560	25
現物配当に伴う交換利益	27,559	－
その他	961	0
特別利益合計	37,356	210
特別損失		
固定資産除却損	※4 735	※4 1,184
関係会社債権放棄損	※2 6,646	－
減損損失	436	554
投資有価証券評価損	－	200,539
関係会社株式評価損	1,407	1,086
出資金評価損	348	－
社債償還損	3,765	－
その他	295	108
特別損失合計	13,636	203,473
税引前当期純利益又は税引前当期純損失（△）	46,382	△89,785
法人税、住民税及び事業税	6,059	13,330
法人税等調整額	△12,416	△15,903
法人税等合計	△6,357	△2,573
当期純利益又は当期純損失（△）	52,739	△87,211

【売上原価明細書】

		前事業年度 (自 2021年1月1日 至 2021年12月31日)		当事業年度 (自 2022年1月1日 至 2022年12月31日)	
区分	注記番号	金額(百万円)	構成比(%)	金額(百万円)	構成比(%)
I 商品売上原価	※2	208,554	70.1	139,504	63.2
1.期首商品棚卸高		9,187		14,673	
2.当期商品仕入高		214,040		139,071	
合計		223,227		153,744	
3.期末商品棚卸高		14,673		14,240	
II 広告媒体費	※2	1,765	0.6	1,562	0.7
III 物流事業売上原価	※2	73,265	24.6	76,273	34.5
IV コンテンツ原価	※2	13,890	4.7	3,501	1.6
合　計		297,476	100.0	220,841	100.0

③ 【株主資本等変動計算書】

前事業年度（自　2021年1月1日　至　2021年12月31日）

（単位：百万円）

	株主資本							
	資本金	資本剰余金			利益剰余金		自己株式	株主資本合計
		資本準備金	その他資本剰余金	資本剰余金合計	その他利益剰余金 繰越利益剰余金	利益剰余金合計		
当期首残高	205,924	173,460	1,623	175,084	242,758	242,758	△84,864	538,901
会計方針の変更による累積的影響額								−
会計方針の変更を反映した当期首残高	205,924	173,460	1,623	175,084	242,758	242,758	△84,864	538,901
当期変動額								
新株の発行	83,749	83,749		83,749				167,498
剰余金の配当					△6,131	△6,131		△6,131
当期純利益又は当期純損失（△）					52,739	52,739		52,739
自己株式の取得							△0	△0
自己株式の処分			△2,339	△2,339			84,864	82,524
分割型の会社分割による減少								−
利益剰余金から資本剰余金への振替			716	716	△716	△716		−
会社分割による増加			365	365				365
株主資本以外の項目の当期変動額（純額）								
当期変動額合計	83,749	83,749	△1,257	82,491	45,891	45,891	84,864	296,997
当期末残高	289,673	257,210	365	257,575	288,649	288,649	△0	835,899

	評価・換算差額等		新株予約権	純資産合計
	その他有価証券評価差額金	評価・換算差額等合計		
当期首残高	△59,106	△59,106	25,818	505,614
会計方針の変更による累積的影響額				−
会計方針の変更を反映した当期首残高	△59,106	△59,106	25,818	505,614
当期変動額				
新株の発行				167,498
剰余金の配当				△6,131
当期純利益又は当期純損失（△）				52,739
自己株式の取得				△0
自己株式の処分				82,524
分割型の会社分割による減少				−
利益剰余金から資本剰余金への振替				−
会社分割による増加				365
株主資本以外の項目の当期変動額（純額）	△2,234	△2,234	2,815	581
当期変動額合計	△2,234	△2,234	2,815	297,578
当期末残高	△61,340	△61,340	28,634	803,192

当事業年度（自　2022年1月1日　至　2022年12月31日）

（単位：百万円）

	株主資本							
	資本金	資本剰余金			利益剰余金		自己株式	株主資本合計
		資本準備金	その他資本剰余金	資本剰余金合計	その他利益剰余金 繰越利益剰余金	利益剰余金合計		
当期首残高	289,673	257,210	365	257,575	288,649	288,649	△0	835,899
会計方針の変更による累積的影響額					△155	△155		△155
会計方針の変更を反映した当期首残高	289,673	257,210	365	257,575	288,494	288,494	△0	835,743
当期変動額								
新株の発行	4,387	4,387		4,387				8,774
剰余金の配当					△7,117	△7,117		△7,117
当期純利益又は当期純損失（△）					△87,211	△87,211		△87,211
自己株式の取得							△0	△0
自己株式の処分								—
分割型の会社分割による減少					△1,430	△1,430		△1,430
利益剰余金から資本剰余金への振替								—
会社分割による増加								—
株主資本以外の項目の当期変動額（純額）								
当期変動額合計	4,387	4,387	—	4,387	△95,759	△95,759	△0	△86,984
当期末残高	294,061	261,597	365	261,963	192,735	192,735	△0	748,759

	評価・換算差額等		新株予約権	純資産合計
	その他有価証券評価差額金	評価・換算差額等合計		
当期首残高	△61,340	△61,340	28,634	803,192
会計方針の変更による累積的影響額				△155
会計方針の変更を反映した当期首残高	△61,340	△61,340	28,634	803,037
当期変動額				
新株の発行				8,774
剰余金の配当				△7,117
当期純利益又は当期純損失（△）				△87,211
自己株式の取得				△0
自己株式の処分				—
分割型の会社分割による減少				△1,430
利益剰余金から資本剰余金への振替				—
会社分割による増加				—
株主資本以外の項目の当期変動額（純額）	61,810	61,810	4,397	66,208
当期変動額合計	61,810	61,810	4,397	△20,776
当期末残高	469	469	33,032	782,261

【注記事項】

（重要な会計方針）

1　有価証券の評価基準及び評価方法 ……………………………………

(1)　子会社及び関連会社株式 …………………………………………

移動平均法による原価法

(2)　その他有価証券 ……………………………………………………

市場価格のない株式等以外のもの	時価法（評価差額は全部純資産直入法により処理し，売却原価は移動平均法により算定）
市場価格のない株式等	移動平均法による原価法

2　棚卸資産の評価基準及び評価方法 ……………………………………

(1)　商品・貯蔵品 …………………………………………………………

ホームライフダイレクト事業等

移動平均法（貸借対照表価額は収益性の低下に基づく簿価切下げの方法により算定）

その他の事業

先入先出法（貸借対照表価額は収益性の低下に基づく簿価切下げの方法により算定）

3　固定資産の減価償却の方法 ……………………………………………

(1)　有形固定資産（リース資産を除く） …………………………………

定額法を採用しています。

耐用年数及び残存価額については，法人税法に規定する方法と同一の基準によっています。

(2)　無形固定資産（リース資産を除く） …………………………………

定額法を採用しています。

耐用年数については，法人税法に規定する方法と同一の基準によっています。
ただし，ソフトウエア（自社利用分）については，社内における見込利用可能期間（5年）に基づく定額法を採用しています。
また，のれんについては，効果が及ぶと見積られる期間（20年以内）で償却しています。ただし，金額が僅少の場合は，発生した年度に一括償却しています。

(3)　リース資産 ……………………………………………………………

所有権移転外ファイナンス・リース取引に係るリース資産
リース期間を耐用年数とし，残存価額を零とする定額法を採用しています。

4　繰延資産の処理方法 ………………………………………………………

株式交付費及び社債発行費発行時に全額費用として処理しています。

5　引当金の計上基準 …………………………………………………………

(1)　貸倒引当金 ……………………………………………………………

債権の貸倒れによる損失に備えるため，一般債権については貸倒実績率により，貸倒懸念債権等特定の債権については個別に回収可能性を検討し回収不能見込額を計上しています。

(2)　賞与引当金 ……………………………………………………………

主に従業員に対して支給する賞与の支出に充てるため，支給見込額に基づき当事業年度分を計上しています。

(3)　ポイント引当金 ………………………………………………………

ポイントの使用による費用発生に備えるため当事業年度末において将来使用されると見込まれる額を計上しています。

(4)　退職給付引当金 ………………………………………………………

従業員の退職給付に備えるため，当事業年度末における退職給付債務の見込額に基づき計上しています。

① **退職給付見込額の期間帰属方法**

退職給付債務の算定にあたり，退職給付見込額を当事業年度末までの期間に帰属させる方法については，給付算定式基準によっています。

② **数理計算上の差異の費用処理方法**

数理計算上の差異は，各事業年度の発生時における従業員の平均残存勤務期間以内の一定の年数（5年）による定額法により按分した額を発生の翌事業年度から費用処理しています。

6　収益及び費用の計上基準

当社の顧客との契約から生じる収益に関する主要な事業における主な履行義務の内容及び当該履行義務を充足する通常の時点（収益を認識する通常の時点）は以下のとおりです。

楽天市場及び楽天トラベル

マーケットプレイス型ECサービスである『楽天市場』や，旅行予約サービスである『楽天トラベル』等においては，取引の場を顧客に提供することをその基本的な性格としています。当社は，これらのサービスの運営にあたり，出店者・旅行関連事業者への出店サービス及びシステム利用に関するサービス，当社を通じた販売拡大のための広告関連サービス，出店者・旅行関連事業者と消費者の決済に関する決済代行サービス等を提供しています。また，これらのサービスは諸規約に基づき，サービス内容や当事者間の権利と義務が定められており，サービスの内容の区分可能性や顧客への移転パターンに基づき，主な履行義務を下記のとおりに識別して，収益を認識しています。

『楽天市場』への出店サービスについて，当社は規約に基づき出店者に対し契約期間に渡り，当社のマーケットプレイス型ECウェブサイトへの出店サービス及び出店コンサルティングサービス等を提供する義務を負っています。当該履行義務は，契約期間に渡り時の経過につれて充足されるものであり，収益は当該履行義務が充足される契約期間において，出店形態別に定められた金額に基づき，各月の収益として計上しています。なお，取引の対価は3ヶ月，半年又は1年分を履行義務の充足前である契約時に前受けする形で受領しています。

システム利用に関するサービスについて，当社は規約に基づき，出店者・旅行関連事業者に対して出店者・旅行関連事業者と主として楽天会員との間での個々の取引の成立に関するサービスの提供を行う義務を負っています。当該履行義務は，出店者・旅行関連事業者と主として楽天会員との個々の取引の成立時点で充足されるものであり，当該履行義務の充足時点で，流通総額（出店者・旅行関連事業者の月間売上高）にサービス別・プラン別・流通総額の規模別に定められている料率を乗じた金額にて収益を計上しています。当該金額は，履行義務の充足時点である取引成立時点から概ね３ヶ月以内に支払を受けています。

広告関連サービスについて，当社は広告規約に基づき，出店者・旅行関連事業者に対し期間保証型等の広告関連サービスを提供しており，契約で定められた期間に渡り，広告を掲示する義務を負っています。当該履行義務は時の経過につれて充足されるため，当該契約期間に応じて期間均等額で収益を計上しています。広告料金の支払は，原則として広告掲載開始日が属する月の翌々月末までに受領しています。

決済代行サービスについて，当社は，カード決済規約に基づき，楽天グループのサービスを利用する消費者と出店者・旅行関連事業者との間での決済代行サービスを提供しています。当該サービスにおいては，クレジットカード等による取引代金決済のための取引承認，代金決済情報やキャンセル等のデータを送受信・処理する義務を負っています。当該サービスについては，主に消費者のカード利用取引が生じた時点が履行義務の充足時点となると判断しており，同時点で手数料収益を計上しています。当該手数料の支払は，履行義務の充足後，支払区分に基づいた請求締切日から１ヶ月半以内に受領しています。

Rakuten24，楽天ブックス

インターネットサービスのうち，当社が主に楽天会員に対して商品を提供するインターネット通販サイト『Rakuten24』，『楽天ブックス』等のサービスにおいては，当社が売買契約の当事者となります。これらの直販型の取引においては顧客に商品が到着した時点で収益を計上しています。また，履行義務の充足時期である商品到着後，概ね２ヶ月以内に支払を受けています。なお，楽天ブックスのうち，国内における書籍（和書）販売については，再販売価格維持制度を考慮すると代理人取引としての性質が強いと判断されるため，収益を関連する原価と相殺の上，純額にて計上しています。

7　ヘッジ会計の方法 ……………………………………………………………

(1)　ヘッジ会計の方法 ………………………………………………………

繰延ヘッジ処理によっています。ただし，特例処理の要件を満たすものについては，特例処理を採用しています。

(2)　ヘッジ手段とヘッジ対象 ………………………………………………

ヘッジ手段　　為替予約及び通貨スワップ

ヘッジ対象　　外貨建債権債務及び外貨建社債の支払利息

(3)　ヘッジ方針 ………………………………………………………………

外貨建の債権債務及び金利が有する為替変動リスクを回避する目的で，楽天株式会社ヘッジ取引管理細則に基づき為替予約及び通貨スワップを行っています。

(4)　ヘッジの有効性評価の方法 ……………………………………………

ヘッジ対象取引との通貨単位，取引金額及び決済期日同一性について，社内管理資料に基づき有効性評価を行っています。なお特例処理の要件を満たす取引については有効性の評価を省略しています。

8　その他財務諸表の作成のための基本となる重要な事項 ……………………

（連結納税制度の適用）

連結納税制度を適用しています。

（連結納税制度からグループ通算制度への移行に係る税効果会計の適用）

当社は，翌事業年度から，連結納税制度からグループ通算制度へ移行することになります。また，法人税及び地方法人税に係る税効果会計に関する会計処理及び開示については，「グループ通算制度を適用する場合の会計処理及び開示に関する取扱い」（実務対応報告第42号2021年8月12日）を当事業年度の期末から適用しています。

なお，法人税及び地方税に関する会計処理及び開示については，当事業年度においては連結納税制度が適用されていることから，「連結納税制度を適用する場合の税効果会計に関する当面の取扱い（その1）」（実務対応報告第5号2018年2月16日）及び「連結納税制度を適用する場合の税効果会計に関する当面の取扱い（その2）」（実務対応報告第7号2018年2月16日）に従っています。

（借入コスト）

意図した使用又は販売が可能となるまでに相当の期間を要する資産の取得，建設又は製造に直接起因して発生した借入コストは，資産計上しています。

（重要な会計上の見積り）

（関係会社株式の評価）

（1） 当事業年度の財務諸表に計上した金額

関係会社株式	1,702,619百万円
関係会社株式評価損	1,086百万円

（2） 識別した項目に係る重要な会計上の見積りの内容に関する情報

① 算出方法

関係会社株式の評価については，関係会社の財政状態が悪化したことにより実質価額が著しく低下したときは，回復可能性が十分な証拠によって裏付けられる場合を除き，相当の減額を実施し，評価差額は当期の損失として処理することとしています。なお，当事業年度において楽天モバイル株式会社の株式の減損処理は行っていません。

② 主要な仮定

実質価額の見積りには取締役会で承認された各関係会社の事業計画を使用してお

り，その主要な仮定は見積将来キャッシュ・フローや売上高の成長率等です。　なお，楽天モバイル株式会社の事業計画の主要な仮定は，ARPU（Average Revenue Per User：顧客一人当たりの平均売上高）・新規契約者数・解約率等です。

③　**翌事業年度の財務諸表に与える影響**

主要な仮定は将来の不確実な経済条件の変動により影響を受ける可能性があり，仮定の見直しが必要となった場合には翌事業年度の財務諸表に重要な影響を与える可能性があります。

（会計方針の変更）

（収益認識に関する会計基準等の適用）

「収益認識に関する会計基準」（企業会計基準第29号2020年3月31日）及び「収益認識に関する会計基準の適用指針」（企業会計基準適用指針第30号2021年3月26日）（以下「収益認識に関する会計基準等」）を当事業年度の期首から適用し，約束した財又はサービスの支配が顧客に移転した時点で，当該財又はサービスと交換に受け取ると見込まれる金額で収益を認識しています。

これによる主な変更点として，一部の取引について，従来は顧客から受け取る対価の総額を収益として認識していましたが，顧客への財又はサービスの提供における当社の役割が代理人に該当する取引については，顧客から受け取る額から仕入先に支払う額を控除した純額で収益を認識する方法に変更しています。

収益認識に関する会計基準等の適用については，収益認識に関する会計基準第84項ただし書きに定める経過的な取扱いに従い，当事業年度の期首より前に新たな会計方針を遡及適用した場合の累積的影響額を，当事業年度の期首の利益剰余金に加減し，当該期首残高から新たな会計方針を適用しています。

この結果，従来の方法に比べて当事業年度の売上高が101,310百万円減少し，売上原価は101,310百万円減少しています。また，利益剰余金の当期首残高は155百万円減少しています。

（時価の算定に関する会計基準等の適用）

当事業年度より「時価の算定に関する会計基準」（企業会計基準第30号2019年7月4日。以下「時価算定会計基準」。）等を適用し，時価算定会計基準第19項及び「金融商品に関する会計基準」（企業会計基準第10号2019年7月4日）第44-2項に定める経過的な取扱いに従って，時価算定会計基準等が定める新たな会計方針を，将来にわたって適用することとしています。この変更による財務諸表への影響はありません。

第2章

情報通信・IT業界の“今”を知ろう

企業の募集情報は手に入れた。しかし，それだけではまだ不十分。企業単位ではなく，業界全体を俯瞰する視点は，面接などでもよく問われる重要ポイントだ。この章では直近1年間の運輸業界を象徴する重大ニュースをまとめるとともに，今後の展望について言及している。また，章末には運輸業界における有名企業（一部抜粋）のリストも記載してあるので，今後の就職活動の参考にしてほしい。

▶▶人をつなぐ，世界をつなぐ

情報通信・IT 業界の動向

「情報通信・IT」は，情報通信や情報技術に関わる業界である。時代は「パソコン」から，スマートフォン，タブレット端末といった「モバイル」へとシフトしている。

❖ IT情報サービスの動向

情報技術（IT）の適用範囲は，さまざまな企業や職種，そして個人へと加速度的に広がっている。2022年の国内IT市場規模は，前年比3.3％増の6兆734億円となった。ITサービス事業者の業務にリモートワークが定着し，停滞していた商談やプロジェクト，サービス提供が回復したことが要因と見られる。

引き続きスマートフォンが市場を牽引しているが，今後，海外市場での需要の高まりなどを背景に，設備投資を拡大する組立製造，電力自由化において競争力強化を行う電力/ガス事業，eコマース（EC）がSNSを中心とした新たなチャネルへ移行している情報サービスなどで，高い成長率が期待される。

また，クラウド化やテレワーク対応などのデジタルトランスフォーメーション（DX）需要がコロナ禍において急増，コロナ後も需要は継続している。

●グローバルな再編が進むIT企業

新しいツールを駆使したビジネスにおいて，進化の早い技術に対応し，標準的なプラットフォームを構築するためにも，グローバル化は避けて通れない道である。2016年，世界第3位のコンピューターメーカーの米Dellが，ストレージ（外部記憶装置）最大手のEMCを約8兆円で買収した。この巨大買収によって誕生した新生Dellは，仮想化ソフト，情報セキュリティ，クラウド管理サービスなど事業領域を大幅に拡大する。国内企業では，システム構築で業界トップのNTTデータが，2016年3月にDellのITサービス部門を買収した。買収額は約3500億円で，NTTグループでは過去3番目の大型買収である。NTTデータは，2000年代後半から国内市場の成長鈍化を見据えて，欧米を中心にM＆Aを展開してきた。過去12年間で約6000億円を投じ，50社以上を買収したことで，2006年3月期に95億円だった海外売上高は2018年3月期には9080億となっている。同期の全売上高は2兆1171億円で，半分近くを海外での売上が占めている。また，NTTグループは2016年から，産業ロボット大手のファナックとも協業を開始している。ファナックは，製造業のIoT（Internet of Things＝すべてのもののインターネット化）を実現するためのシステム開発を進めており，この運用開始に向けて，ビジネスの拡大をともに目指している。

ソフトバンクグループもまた，2016年に約3.3兆円で，英半導体設計大手のARMを買収した。日本企業による海外企業買収では，過去最大の規模となる。ARMは，組み込み機器やスマートフォン向けCPUの設計で豊富な実績を持つ企業であり，この買収の狙いも「IoT」にある。あらゆるものをインターネットに接続するためには，携帯電話がスマホになったように，モノ自体をコンピューター化する必要がある。近い将来，IoTが普及すれば，ARM系のCPUがあらゆるものに搭載される可能性につながっていく。

●IoT，ビッグデータ，AI —— デジタル変革の波

IT企業のグローバル化とともに，近年注目を集めているのが「デジタルトランスフォーメーション（デジタル変革）」である。あらゆる情報がIoTで集積され，ビッグデータやAI（人工知能）を駆使して新たな需要を見出し，それに応える革新的なビジネスモデルが次々と登場している。

2022年から2023年にかけて話題をさらったのは，米オープンAI社による「チャットGPT」だった。AIによる自然で高度な会話に大きな注目が集まった。米マイクロソフトは2023年1月にオープンAIへの1兆円規模の追加融資を発表。チャットGPTを組み込んだ検索や文章作成などの新サービスを次々と発表した。

生成AIは従来のAIに比べて性能が飛躍的に向上。前出の文章作成に加え，プログラミングやAIアートなど，その用途は多岐にわたる。今後は生成AIを活用した業務・サービス改善にも注目が集まる。

●サービスのトレンドは，シェアリングエコノミー

シェアリングエコノミーとは，インターネットを通じて個人や企業が保有

している使っていない資産の貸し出しを仲介するサービスのこと。たとえば，自動車を複数人で利用する（ライドシェア），空き家や駐車場，オフィスを有効活用する（スペースシェア）などがある。

米国のウーバーが提供しているのは「自動車を利用したい人」と「自動車を所有していて空き時間のある人」をマッチングする配車・カーシェアリングサービス。サービスはアプリに集約されており，GPSで利用者の位置情報を把握して，配車する。車の到着時間といった情報もスマートフォンを通して的確に伝えられる。ウーバーには，2017年にソフトバンクが出資しており，2018年10月にはソフトバンクとトヨタ自動車が新しいモビリティサービスの構築に向けた提携で合意，新会社も設立した。国内のライドシェアサービスには，オリックス自動車や三井不動産レアルティなど，駐車場やレンタカー事業を運営していた大手企業も参入している。

スペースシェアとしては，家の有効活用として，民泊サービスで有名なエアービー・アンド・ビーがある。このほかにも，駐車場のシェアサービスが，パーク24といった駐車場大手企業も参加して始まっている。また，フリマアプリの「メルカリ」やヤフーオークションも，不要物の再活用という意味でモノのシェアといえる。モノをシェア/再活用するニーズは，若者を中心に広がっており，小売大手の丸井グループがブランドバッグのシェアサービス「Laxus」と事業提携するなど，今後，成長が期待できる分野といえる。

❖ 通信サービスの動向

携帯通信業界は，自前の回線を有するNTTドコモ，KDDI（au），ソフトバンクの3社（キャリア）を中心に伸びてきた。総務省によれば，日本の携帯電話の契約数は2022年3月の時点で2億302万件となっている。スマホの普及により，高齢者や10代の利用者が増加しており，市場としては，引き続き右肩上がりの成長となっている。しかし，その一方で，たとえばソフトバンク全体の事業において，国内の固定・携帯電話で構成される国内通信事業の売上高は，すでに4割を割っている。NTTグループでも，NTTデータとNTT都市開発の売上高が，全体の2割にまで伸びており，ITサービスカンパニーとして軸足を海外事業に移している。KDDIもまた，住友商事と共にモンゴルやミャンマーで携帯事業に参入してトップシェアを獲得するなど，海外進出を拡大させている。国内の通信事業は成熟期を迎えており，今後，契約件数の伸びが期待できないなか，大手3社は新たな収益の実現に向けて，事業領域を拡大する段階に入っている。

●楽天モバイル「0円プラン」廃止で競争激化

総務省は，2016年よりNTTドコモ，KDDI（au），ソフトバンクの携帯大手に対して，高止まりしているサービス料金の引き下げを目的に，スマートフォンの「実質0円販売」の禁止など，さまざまな指導を行ってきた。2019年10月施行の改正電気通信事業法では，通信契約を条件とする2万円以上の端末値引きが禁じられるとともに，途中解約への違約金上限も大幅に下げられた。

なかでも有効な政策となっているのが，格安スマホ業者（MVNO）への支援である。MVNOは，通信インフラを持つ大手3社の回線を借りて，通信や通話サービスを提供する事業者のこと。総務省の後押しなどもあり，MVNOの事業者数は2019年3月の時点で1000社を超えた。また，利用者も着実に増えており，調査会社MM総研によると，格安スマホの契約回線数は，2020年3月末には1500万件を超えた。

モバイル市場全体に占める割合を順調に伸ばしてきたMVNOだが，ここにきてやや苦戦が見られる。大手キャリアが投入する格安プランの好調により，割安感の低下が響いたことが原因に挙げられる。話題となった「0円プラン」が廃止となり，顧客離れの影響を大きく受けた楽天モバイルは，KDDI回線のデータ使用量を無制限にした「Rakuten 最強プラン」を2023年6月に開始したが，巻き返しには至っていない。

●IoTへの対応を見据えた5G

技術面で注目を集めているのが，2020年に商用化された次世代通信規格の5Gである。5Gは，現行の4Gに比べ，大容量，同時多接続，低遅延・高信頼性，省電力・低コストといった特徴がある。IoTの普及に必須のインフラ技術とされており，これまでの通信規格に求められてきたものに加え，将来期待されるさまざまなサービスへの対応も求められている。低遅延化・高信頼性については，たとえば，自動車の自動運転のような安全・確実性が求められるサービスにおいては必須の要件となる。また，同時多接続は，今後，携帯電話だけでなく，IoTで接続される機器の爆発的な増加が予想されることから，4Gの100倍の接続数が求められている。

キャリア各社はすでに，コンテンツサービスの拡充，ロボットの遠隔操作，自動運転などの実証実験を進めている。MVNOに対して，スマートフォン向け回線サービスは提供されたとしても，すべてのサービスが対象となるかは不透明といえる。5Gの普及によって，キャリアの携帯ゆえに享受できるサービスが大きく進化すれば，料金の安さでMVNOを選択している利用者の判断にも影響が出る可能性もある。

❖ eコマース（EC）市場の動向

インターネットを通じて商品やサービスを売買する「eコマース」（EC）は順調に拡大しており，経済産業省の発表では，2021年の消費者向け（BtoC）電子商取引の市場規模は20兆6950億円となった。

市場を牽引してきたのは，楽天とアマゾン，そして，YahooやZOZOを傘下に抱えるZホールディングスである。楽天やZホールディングスは企業や個人の出品者に売り場を提供する「モール型」，アマゾンは自社で商品を仕入れる「直販型」が主流だったが，近年はアマゾンも「モール型」のビジネスを取り入れている。また，会費制の「アマゾン　プライム」では，映画や音楽の無料視聴，写真データの保存など，多くのサービスを展開している。2017年4月からは生鮮食品を扱う「アマゾン　フレッシュ」を開始，ネットスーパー業界にも進出した。楽天は米ウォルマートと業務提携し，ネットスーパーを開始するほか，朝日火災海上保険（楽天損害保険）や仮想通貨交換業のみんなのビットコインを買収するなど，通販以外の分野にも投資を続けている。Zホールディングスは21年3月には　LINEを経営統合。両者の顧客基盤を掛け合わせた新たなサービスを模索し，国内首位を目指している。

コロナ禍の巣篭もり特需で，3社とも売上を大きく伸ばした。利用習慣の定着化により，中小企業や個人の販売も拡大している。

●フリマアプリの躍進と越境ECの伸長

フリマアプリでは「メルカリ」が国内で強さを誇る。メルカリは，個人間（CtoC）による物品売買を行うスマホアプリとして，2013年7月に国内サービスを開始した。誰でも簡単にスマホで売りたいものを撮影して，マーケットプレイスに出品できる手軽さと，個人情報を知られずに取引を完了できるといったきめ細かいサービスが爆発的人気の背景にある。しかし，新型コロナウイルスによる巣ごもり特需が終了し，EC市場に逆風が吹いたこともあり，やや伸び悩みが見られる。2022年の6月期決算では売上高は1470億円と前年比38.6％増となったが，営業利益はマイナス37億と赤字決算になってしまった。

「越境EC」といわれる海外向けのネット通販も，市場を拡大している。中国ではモバイル端末の普及が進み，中国インターネット情報センター（CNNIC）の発表では2020年6月時点でネット利用者は9億人とされている。2019年の中国国内EC売上高は約204兆円に達し，越境ECも10兆円を超えている。2014年に，中国最大のECサイト・アリババが海外業者向けの「天猫国際」を開設した。現在，メーカーから流通，小売まで，多くの日本企業が出店し，大きな成果を上げている。にサービスを開始し，2016年，2017年には中国における越境ECのトップシェアを獲得している。同社は，2017年には日本支社も設立，認知拡大，商品の仕入れ活動を本格化させている。経済産業省によると，2017年度の中国人による越境ECを通じた日本からの購入金額は1兆2978億円だった。日本の事業者にとって，越境ECの利用は，海外に直接出店するリスクがなく，マーケットは広がり，初期投資を抑えながら海外進出を狙えるメリットがある。

情報通信・IT 業界

直近の業界各社の関連ニュースを
ななめ読みしておこう。

Google、生成AIで企業需要開拓　Microsoftに対抗

米グーグルが文章や画像を自動で作る生成AI（人工知能）で企業需要の開拓に本腰を入れる。生成AIを組み込んだサービスを開発するための基盤を整え、コストを左右する半導体の自社開発も強化する。企業向けで先行する米マイクロソフトに対抗し、早期の投資回収につなげる。

グーグルのクラウドコンピューティング部門で最高経営責任者（CEO）を務めるトーマス・クリアン氏が日本経済新聞の取材に応じた。同氏は「経済が不安定で一部の企業がIT（情報技術）投資を減速させる一方、AIを使って業務を自動化するプロジェクトが増えてきた」と述べた。

同社はクラウド部門を通じて企業に生成AI関連のサービスを提供する。クリアン氏はサービス開発に使う大規模言語モデルなどの種類を増やし、企業が目的に応じて選べるようにすることが重要だと指摘した。自社開発に加え外部からも調達する方針で、米メタや米新興企業のアンソロピックと連携する。

半導体の調達や開発も強化する。AI向けの画像処理半導体（GPU）を得意とする米エヌビディアとの関係を強め、同社の最新モデル「GH200」を採用する。一方、自社開発も強化し、学習の効率を従来の2倍に高めた「TPU」の提供を始めた。クリアン氏は人材採用などにより開発体制をさらに強化する考えを示した。

グーグルは生成AIを使った米ハンバーガーチェーン大手、ウェンディーズの受注システムの開発を支援したほか、米ゼネラル・モーターズ（GM）と車載情報システムへの対話AIの組み込みで協力している。企業による利用を増やすため、「成果を上げやすいプロジェクトを一緒に選定し、コストなどの効果を測定しやすくする」（クリアン氏）としている。

大手企業に加えて、伸び代が大きい新興企業の取り込みにも力を入れる。クリアン氏は生成AI分野のユニコーン企業の70%、外部から資金提供を受けたAI

新興企業の50%が自社の顧客であると説明した。グーグルのサービスを使うと学習や推論の効率を2倍に高められるといい、「資金の制約が大きい新興勢の支持を受けている」と説明した。

生成AIの企業向けの提供では米オープンAIと資本・業務提携し、同社の技術を利用するマイクロソフトが先行した。同社のサティア・ナデラCEOは4月、「すでにクラウド経由で2500社が利用し、1年前の10倍に増えた」と説明している。グーグルも企業のニーズにきめ細かく応えることで追い上げる。

生成AIの開発と利用に欠かせない高性能のGPUは奪い合いとなっており、価格上昇も著しい。この分野で世界で約8割のシェアを握るエヌビディアの2023年5～7月期決算は売上高が前年同期比2倍、純利益が9倍に拡大した。

生成AI開発企業にとっては先行投資の負担が高まる一方で、株式市場では「投資回収の道筋が明確ではない」といった声もある。グーグルやマイクロソフトなどのIT大手にも早期の収益化を求める圧力が強まっており、安定した取引が見込める企業需要の開拓が課題となっている。

各社が生成AIの投資回収の手段として位置付けるクラウド分野では、世界シェア首位の米アマゾン・ドット・コムをマイクロソフトが追い上げている。グーグルは3番手が定着しているが、クリアン氏は「(生成AIで業界構図が)変わる。将来を楽観している」と述べた。長年にわたって世界のAI研究をリードしてきた強みを生かし、存在感を高める考えだ。

(2023年9月3日　日本経済新聞)

Apple、日本拠点40周年　アプリ経済圏460億ドルに

米アップルは8日、アプリ配信サービス「アップストア」経由で提供された日本の商品やサービスの売上高が2022年に計460億ドル(約6兆5500億円)にのぼったと発表した。今年6月に拠点設立から丸40年を迎えた日本で、アップルの存在感は大きい。一方で規制強化の動きなど逆風もある。

ティム・クック最高経営責任者(CEO)は「我々は日本のものづくりの匠(たくみ)の技とデザインが持つ付加価値などについて話し合っている。記念すべき40周年を共に祝えて誇りに思う」とコメントを出した。日本の「アプリ経済圏」の460億ドルのうち、小規模な開発業者の売り上げは20～22年に32%増えたという。

1976年に故スティーブ・ジョブズ氏らが創業したアップル。7年後の83年6

月に日本法人を設けた。それまでは東レなどがパソコン「アップル2」の販売代理店を担い、日本法人の立ち上げ後も一時はキヤノン系が販売を請け負った。2003年には海外初の直営店を東京・銀座に開店し、今は福岡市や京都市などに10店舗を構える。

もともとジョブズ氏は禅宗に通じ、京都を好むなど日本に明るいことで知られた。ソニーを尊敬し、創業者の盛田昭夫氏が死去した1999年のイベントでは盛田氏の写真をスクリーンに映して「新製品を彼に喜んでほしい」と追悼の意を表した。

01年に携帯音楽プレーヤー「iPod」を発売すると、「ウォークマン」やCDの規格で主導していたソニーから音楽業界の主役の座を奪った。日本の家電メーカーにとっては驚異的な存在だったとも言える。

アップルから見ると、日本は製造・販売両面で重要拠点だ。主力スマートフォン「iPhone」で国内の電子部品市場は拡大し、1000社近い巨大なサプライチェーン（供給網）を築いた。「アプリ関連やサプライヤーで100万人を超える日本の雇用を支えている。過去5年間で日本のサプライヤーに1000億ドル以上を支出した」と説明する。

販売面では一人勝ち状態が続く。調査会社MM総研（東京・港）によると、22年のスマホの国内シェアはアップルが約49%と半分に迫り、携帯電話シェアで12年から11年連続で首位に立つ。タブレットのシェアも約50%、スマートウオッチも約60%にのぼる。

「爆発的に普及するとは全く思わなかった」。ジョブズ氏と縁のあった孫正義氏が率いていたソフトバンクが「iPhone3G」を独占販売する際、他の通信大手幹部は「冷ややかな目で見ていた」と振り返る。だが、iPhone人気でソフトバンクは新規顧客を集め、通信業界の勢力図を塗り替えた。11年にはKDDI、13年にNTTドコモが追随し、後に政府から批判される値引き競争や複雑な料金プランにつながっていく。

日本の存在感の大きさはアップルの決算発表にも表れる。資料では毎回、米州、欧州、中華圏、日本、その他アジア太平洋地域という5つの地域別売上高を開示する。単体の国として分けているのは日本だけで、米テクノロジー大手では珍しい。

最近は陰りも見える。足元の日本の売上高は前年同期比11%減で、売上高全体における比率は6%にとどまった。円安や値引き販売の抑制などが理由だが、アップル関係者からは「製造も販売も我々は既にインドを見ている」という声も上がる。

アプリ経済圏の先行きも不透明だ。政府のデジタル市場競争会議は6月、他社が運営する代替アプリストアをアップルが受け入れるよう義務付けるべきだと指摘した。販売減少や規制強化といった逆風を越えられるか――。次の40年に向けた新たな施策が求められる。

（2023年8月8日　日本経済新聞）

初任給、建設・ITで大幅増　若手確保に企業奔走

初任給を大幅に引き上げる企業が相次いでいる。2023年度の初任給伸び率ランキングをみると建設や運輸業界、情報ソフト、通信業界での引き上げが目立つ。新型コロナウイルス禍から経済活動が正常化に進む中、若手確保に動く企業が多いようだ。

日本経済新聞社が実施した23年度の採用計画調査をもとに大卒初任給の前年度比伸び率ランキングを作成。調査は4月4日までに主要企業2308社から回答を得た。

首位は商業施設の設計・施工などを手掛けるラックランドで30.7％増の26万6600円だった。初任給の引き上げは16年ぶりだ。加えて入社4年目まで基本給を底上げするベースアップ（ベア）を毎年3％実施する。施工管理者から営業、設計、メンテナンスまで幅広い人材獲得を目指す。

背景にあるのが年々増す採用の厳しさだ。人事担当者は「22年度は内定辞退が増え採用目標数を割った」と言う。引き上げ後の初任給は全業界平均22万8471円を大きく上回った。6月に解禁した24年卒の採用活動では社長面談の時期を早めるなど学生の獲得策を強化しており、「内定承諾のペースは昨年と比べると速い」という。

石油精製・販売の三愛オブリも大卒初任給を24.9％引き上げ26万円とした。同社は23年度に手当の一部を基本給に組み入れる賃金制度の改定で全社員の基本給が大幅増となった。空港の給油施設運営などを手掛けるなかで空港内作業者の初任給も同水準で引き上げており「採用に弾みをつけたい」とする。

航海士など特殊な技術や知識を要する人材も奪い合いだ。業種別の初任給伸び率ランキングで首位だった海運は業界全体で6.7％増と大幅に伸ばした。なかでもNSユナイテッド海運は大卒初任給で21.1％増の26万3700円。2年連続で初任給を引き上げた。

ゲームなどを含む情報ソフトや金融関連、通信業界なども初任給引き上げが顕

著だ。IT（情報技術）エンジニア確保が目的だ。実際、企業ランキング2位はスクウェア・エニックス・ホールディングス。全社員の給与も平均10％引き上げており、「物価高騰に加え新たに優秀な人材の獲得強化を見込む」とする。

実はゲーム業界に初任給引き上げドミノが起きている。バンダイナムコエンターテインメントは22年度に大卒初任給を前年度比25％上げて29万円とした。カプコンなども22年度に実施。23年度にはスクウェア・エニックスに加え任天堂が1割増の25万6000円とした。中堅ゲーム会社幹部は「（優秀な人材の）つなぎ留めのために賃上げをしないと、他社に流出してしまう」と危機感を隠さない。

金融も初任給の引き上げが目立った。三井住友銀行は初任給を16年ぶりに引き上げ、大卒で24.4％増の25万5000円とした。スマホ金融などの強化に必要なデジタル人材はあらゆる業界で奪い合いになっている。

三井住友銀に続き、みずほフィナンシャルグループは24年に5万5000円、三菱UFJ銀行も同年に5万円、それぞれ初任給を引き上げることを決めている。ネット専業銀行や地方銀行も相次ぎ初任給引き上げに走っている。

一方、初任給の伸びが低かったのが鉄鋼業界。前年比ほぼ横ばいだった。初任給は春季労使交渉で決まる場合が多く、鉄鋼大手は効率化などを目的に交渉を2年に1度としている。23年は労使交渉がなかったことが影響したとみられる。

倉庫・運輸関連は前年比0.9％増、水産や自動車・部品が1％増となった。例年に比べれば高い賃上げ率だが、各業界とも初任給の全体平均額を下回っている。

過去にも人手不足感が高まると、初任給を引き上げる傾向が強まった。しかし23年は企業の焦りが感じられる。初任給伸び率が2.2％増となり、10年以降で最大の伸び率となっているのだ。24年度以降の持続性もカギとなりそうだ。

法政大学の山田久教授は「全体の賃金上昇傾向が続くかは経済の情勢次第で不透明感が残るが、初任給引き上げ競争は今後も続くだろう」とみる。少子高齢化で若年労働人口が減る中、企業はIT人材から現場労働者まで若手の採用力強化が必須となっている。（2023年6月18日　日本経済新聞）

NVIDIAとTSMC、生成AIに専用半導体　年内投入へ

半導体設計大手の米エヌビディアと半導体受託生産首位の台湾積体電路製造（TSMC）が、生成AI向けの専用半導体を年内に投入する。AIが回答を導き出

す過程の速度を前世代品に比べて最大12倍にする。半導体は「新型コロナウイルス特需」の反動で市況が悪化するなか、米台の2強が次の成長分野でリードを固める。

「(AI向け半導体の)需要は非常に強い。サプライチェーン(供給網)のパートナーとともに増産を急いでいる」

エヌビディアのジェンスン・ファン最高経営責任者(CEO)は30日、台北市内で記者会見し、生成AI向け市場の成長性を強調した。台湾出身のファン氏は同日開幕したIT(情報技術)見本市「台北国際電脳展」(コンピューテックス台北)に合わせて訪台した。

エヌビディアはAI分野で広く使われる画像処理半導体(GPU)を手掛け、AI向け半導体で世界シェア8割を握る。「Chat(チャット)GPT」に代表される対話型の生成AIの急速な進化を受け、AIのデータ処理に特化した専用半導体を年内に投入する。

エヌビディアが設計した半導体をTSMCが量産する。AIが質問への回答を導き出す「推論」のスピードを前世代品に比べて最大12倍に速める。

生成AIサービスの多くは、データセンターのサーバー上で開発・運用されている。GPUは膨大なデータをAIに学ばせて回答の精度を上げていく「学習」と、利用者から質問などを受けてAIが答えを導く「推論」の両方に使われる。

特にエヌビディアのGPUは「(AI用途への)最適化が進んでおり、大きな先行者優位がある」(台湾調査会社トレンドフォースの曾伯楷アナリスト)。

チャットGPTを開発した米新興オープンAIは、サービス開発に約1万個のGPUを用いているとされる。トレンドフォースは技術の高度化に伴い、今後は一つのサービスを開発・運用するのに3万個以上のGPUが必要になると予測する。

ゲームや動画編集に使われる一般的なGPUは市販価格が1個10万円以下のものもあるが、AI向け高性能GPUは100万円を優に超える。需要が伸びれば市場全体へのインパクトも大きい。

独調査会社スタティスタは、生成AIがけん引するAI向け半導体の市場規模が、2028年に21年比で12倍の1278億ドル(約18兆円)に急拡大すると予測する。半導体市場全体が22年時点で80兆円規模だったのと比べても存在感は大きい。

エヌビディアを支えるのは、半導体の量産技術で世界トップを走るTSMCだ。新たに投入する生成AI向け半導体を含め、AI向け高性能GPUを独占的に生産する。

両社の関係は1990年代半ばに遡る。創業間もないエヌビディアは、生産委託先の確保に苦しんでいた。台湾出身のファンCEOが頼ったのは当時、半導体受託生産で躍進しつつあったTSMC創業者の張忠謀（モリス・チャン）氏だった。

張氏が電話で直接交渉に応じ、両社の取引がスタートしたという。以後30年近くにわたり、TSMCはゲームからパソコン、AI向けに至る幅広い製品を供給してきた。

近年はAI向け半導体の性能向上の鍵を握る「パッケージング技術」の開発で関係を深めている。異なる機能を持つ複数の半導体を一つのパッケージに収め、効率よく連動させる技術だ。

エヌビディアは2010年代中盤にいち早く同技術をGPUに採用。量産技術を開発するTSMCと二人三脚で、性能向上を実現してきた。

生成AI向け半導体の開発競争は激化が見込まれる。米グーグルや米アマゾン・ドット・コムといったIT大手が、独自に半導体の設計に乗り出している。両社ともエヌビディアの大口顧客だが、自前の半導体開発によってサービスの差別化やコスト低減を狙う。

そのIT大手も半導体の生産は外部委託に頼らざるを得ない。エヌビディアとTSMCの緊密な関係は、今後の競争で有利に働く可能性がある。

20年～22年前半にかけて好調が続いた世界の半導体市場は、足元で厳しい状況にある。コロナ特需の反動でパソコンやスマホ、ゲーム機などの販売が落ち込み、全体的な市況の回復は24年になるとの見方が強い。TSMCは23年12月期通期に前の期比で減収（米ドルベース）を見込む。

生成AIはスマホなどに代わる半導体市場のけん引役となることが期待される。TSMCの魏哲家CEOは4月中旬の記者会見で「AI向けの需要は強く、業績成長の原動力となる」と強調した。

ファン氏も30日の記者会見で「我々は間違いなく、生成AIの新時代の始まりにいる」と述べ、業界が大きな成長局面に入りつつあると指摘した。生成AIの進化を支える製品を供給できるかが、市場全体の成長を左右する。

（2023年5月30日　日本経済新聞）

5G網整備へ技術者争奪　携帯電話大手4社、14%増員

高速通信網を整備する技術者の争奪が激しい。携帯大手4社は2022年3月

末に技術者を前年同期比14%増やした。転職者の平均年収も新型コロナウイルス禍のときと比較して2割上昇した。足元ではIT（情報技術）・通信エンジニアの転職求人倍率は全体を大きく上回っている。

高速通信規格「5G」の利用区域を広げるため需要は高まる。通信基盤を支える人材の不足が続けば日本のデジタル化に響きかねない。

総務省の調査によると、携帯大手4社の無線従事者や保守などの技術者数は22年3月末時点で計3万5400人だった。

企業ごとに定義の異なる部分はあるものの、前年同期比の伸び率は楽天モバイルが最大の34%増の3500人。次いでソフトバンクが28%増の1万800人、NTTドコモが7%増の1万2100人、KDDIが5%増の8800人と続いた。

5Gの通信速度は4Gの最大100倍で遅延したときの影響は10分の1に低下するとされる。スマートシティーや自動運転、工場機器の遠隔制御などに生かせば、新たなビジネスにつながる。

30年ごろには次世代の6Gへの移行が始まる見込みだが、技術革新とともに複雑なネットワーク構築を求められる。

ソフトバンクの担当者は「災害対策に加えて、5G基地局の整備のために技術者を増やしている」と説明する。KDDIも基地局の保守・運用に関わる技術者の需要は引き続き大きいとみる。

新型コロナで社会のデジタル化の要請が高まり、通信業界の技術者不足は厳しさを増す。KDDIなどで大規模な通信障害が相次いだことも通信網の重要性を意識させた。

人材サービス大手のエン・ジャパンによると、エンジニアが転職した際の22年の平均年収は新型コロナで底となった20年比19%増の519万円だった。

同社で通信業界を担当する星野玲氏は「通信業界は人材獲得が難しい。売り手市場で適正水準を上回る年収を示す事例が多い」と話す。従来は700万円程度が上限だったが、いまは900万円ほどに上がっているという。

携帯大手が求めるネットワーク技術者の22年の求人数は20年より45%増えた。パーソルキャリアの転職サービスのdoda（デューダ）によると、足元の23年2月のIT・通信エンジニアの転職求人倍率は10.19倍で、全体の2.15倍を上回った。

問題はこうした需要をまかなうだけの人材がいないことだ。経済産業省は30年に国内で最大79万人のIT人材が不足すると予測する。

政府は電力・ガス、道路、鉄道などのインフラ点検で規制を緩和し、ドローンや人工知能（AI）の導入を促す。通信でも保守・運用を自動化すれば余剰人員を競争分野に振り向けることができる。
稲田修一早大教授は「通信業界は他分野に比べて省人化が進んでいるとは言えない」として改善が不可欠だと指摘する。
総務省によると、5Gの全国人口カバー率は22年3月末時点で93%とまだ行き渡っていない。新型コロナで露呈したデジタル化の遅れを取り戻すためにも、5G網づくりを急ぐ必要がある。

（2023年4月19日　日本経済新聞）

IT業界特化のSNSアプリ　HonneWorks

企業の平均年収をまとめたウェブサイトを運営するHonneWorks（ホンネワークス、神奈川県茅ケ崎市）は、IT（情報技術）業界で働く会社員向けに特化したSNS（交流サイト）アプリの提供を始める。利用者は匿名で参加できるが、ホンネワークスが職場のメールアドレスから勤務先を確認する点が特徴。信頼度の高い情報の交換につなげ、転職希望者に役立ててもらう。事業拡大に備え、ベンチャーキャピタル（VC）のゼロイチキャピタルなどからJ-KISS型新株予約権方式で約3000万円を調達した。

（2023年3月7日　日本経済新聞）

ITエンジニア、転職年収2割増　製造業や金融で引き合い

IT（情報技術）エンジニアについて、製造業や金融など非IT系の事業会社に転職した際の年収の上昇が目立つ。2022年までの2年間で2割上がり、エンジニア全体の平均を上回った。デジタルトランスフォーメーション（DX）化などを背景に、社内のシステム構築などの業務が増えた。IT業界以外の企業は、社内にITに詳しい人材が少ない。即戦力となる経験者を中心に高い年収を提示し獲得を急いでいる。
東京都在住の30代男性は、22年12月にITシステムの開発企業から鋼材系メーカーの社内システムエンジニア（SE）に転職した。自社のITインフラの整備をしている。転職で年収は50万円ほど上がった。
以前はクライアント先のシステム開発を担当していた。自社のシステムは利用者からの反応なども確認しやすく、やりがいを感じるという。

人材サービス大手のエン・ジャパンによると、同社の運営する人材紹介サービス「エン エージェント」を通じて決まったITエンジニアの転職のうち、非IT企業の初年度年収（転職決定時、中央値）は22年が516万円。ITエンジニア全体（511万円）を上回る。

上昇率も同様だ。非IT企業は新型コロナウイルスの感染が広がった20年に比べ95万円（22.6%）高い。ITエンジニア全体（21.4%）に比べ、伸びの勢いが目立つ。

背景にあるのが新型コロナ禍を契機とした、IT人材の不足だ。パーソルキャリア（東京・千代田）の転職サービスのdoda（デューダ）のまとめでは、22年12月のIT・通信エンジニアの中途採用求人倍率は12.09倍。全体（2.54倍）を大きく上回った。経済産業省は30年に日本で最大79万人のIT人材が不足すると予測する。

新型コロナの感染拡大で非IT系業種も含め、ビジネス現場のデジタル化が加速した。リモートでの就業環境を整えるだけでなく、経営の中にデジタル化をどう位置づけ推進するのかといった課題が生まれた。

既存システムの安定稼働やメンテナンスといったコロナ禍前からの業務に加え、リモート化や各種セキュリティー強化に取り組む人材が必要になった。

経営管理の観点からは、中長期のIT戦略投資の立案や社内の人材育成も求められるようになった。5年以上のIT実務の経験者や、経営を視野に入れITプロジェクトを進められるミドル層の需要が高まった。特に非IT系業種はこうした人材資源がIT企業に比べ薄く、中途採用を活用せざるを得ない。

dodaによると、22年10～12月期のITエンジニアの新規求人のうち、年収が700万円以上の件数は35%だった。19年同期の19%から16ポイント増えた。大浦征也doda編集長は「事業会社は経験者を採用できなければ競合に後れを取るとの意識がある」としたうえで「採用基準を下げるのではなく、賃金を引き上げてでも人材を獲得しようという動きが強まった」とみる。

中途採用をいかしデジタル関連業務の内製化を進めることで、コストの削減も期待できる。クレディセゾンは19年にITエンジニアの中途採用を始め、20年以降も即戦力となる30～40代を中心に獲得を進める。同社は「内製した案件の開発コストは外部依頼の場合と比べ、21～22年度の累計で約6割削減できる見通し」と説明する。

（2023年2月8日　日本経済新聞）

現職者・退職者が語る 情報通信・IT業界の口コミ

※編集部に寄せられた情報を基に作成

▶労働環境

職種：代理店営業　　年齢・性別：20代後半・男性

・以前は年功序列の風潮でしたが，今は実力主義になってきています。
・会社への利益貢献ができ，上司の目に留まれば出世は早いでしょう。
・自己PRが上手で，失敗・成功に関わらず原因分析できることが重要。
・上司の目に留まらなければ，芽が出ないまま転職する人も。

職種：システムエンジニア　　年齢・性別：20代後半・男性

・転勤が本当に多く，それは女性も例外ではありません。
・入社時に「総合職は転勤があるが大丈夫か？」と確認されます。
・3～7年で異動になりますが，その都度転勤の可能性があります。
・家庭を持っている人や家を持っている人は単身赴任になることも。

職種：法人営業　　年齢・性別：30代前半・男性

・残業は月に20時間程度で，ワークライフバランスがとりやすいです。
・休日出勤はほとんどなく，1年に数回あるかどうかです。
・有給休暇はしっかりと取れるので，休暇の計画は立てやすいです。
・子どもの各種行事に積極的に参加している人も周りに多くいます。

職種：営業アシスタント　　年齢・性別：20代前半・女性

・全体的にかなり風通しの良い職場です。
・飲み会や遊びの計画が多く，社員同士の仲はとても良いです。
・社員の年齢層は比較的若めで，イベント好きな人が多い印象です。
・東京本社の場合，ワンフロアになっており全体が見渡せる作りです。

▶福利厚生

職種：代理店営業　　年齢・性別：20代後半・男性

- 独身のうちは社宅（寮）に入ることができます。
- 社宅は多少年数が経っていますが，きれいな物が多いです。
- 家賃もかなり安くて，住宅補助についてはかなり満足できます。
- 住宅補助以外にも，保養施設や通勤補助は非常に充実しています。

職種：法人営業　　年齢・性別：20代前半・男性

- 多くの企業のスポンサーのため，各種チケットをもらえたりします。
- 某有名遊園地の割引券も手に入ります。
- 住居手当，育児休暇など福利厚生全般はかなり充実しています。
- 通常の健康診断以外にも人間ドックを無料で受けることができます。

職種：マーケティング　　年齢・性別：20代後半・男性

- 各種福利厚生は充実しており，なかでも住宅補助は手厚いです。
- 社宅は借り上げで月1～2万円で，家賃10万以上の物件に住めます。
- 社宅住まいの場合，年収に換算すると年100万弱の手当となります。
- 健康診断・人間ドック，フィットネスなども利用できます。

職種：ネットワーク設計・構築　　年齢・性別：30代後半・男性

- 福利厚生は充実しており，有給休暇は2年目から年20日もらえます。
- 夏季休暇は5日，年末年始は6日の休暇が付与されます。
- 労働組合が強いため，サービス残業はなく，残業代は全額出ます。
- 残業時間は，職場にもよりますが，月20～30時間程度かと思います。

▶仕事のやりがい

職種：営業マネージャー　　年齢・性別：40代後半・男性

・大規模な通信インフラの構築や保守に力を入れています。
・通信業界の技術進歩は目覚ましいものがあり，夢があります。
・数年後にどんなサービスができるか予想できない面白さがあります。
・人々の日常生活に欠かせないものに携われるやりがいがあります。

職種：販促企画・営業企画　　年齢・性別：20代後半・男性

・企画部門では若手でもやりがいのある大きな仕事を任されます。
・関わる部門や担当が多岐にわたる場合，調整が大変なことも。
・事務系社員は2～3年毎にジョブローテーションがあります。
・常に自身のキャリアパスをしっかり考えておくことが重要です。

職種：法人営業　　年齢・性別：30代前半・男性

・やった分だけ成果としてあらわれるところが面白いです。
・チームプレイの難しさはありますが，勉強になることが多いです。
・自分個人で考える部分とチームで動くところのバランスが大切。
・お客様に革新的な製品を常に提案できるのは素晴らしいと思います。

職種：経営企画　　年齢・性別：20代前半・男性

・良くも悪くも完全に社長トップダウンの会社です。
・会社の成長度に関しては日本随一だと思います。
・日々学ぶことが多く，熱意をもって取り組めば得るものは大きいです。
・驚くぐらい優秀な人に出会えることがあり，非常に刺激になります。

▶ブラック？ホワイト？

職種：ネットワークエンジニア　年齢・性別：30代後半・男性

・会社全体のコミュニケーションが弱く，情報共有がされにくいです。
・会社のどこの部署が何を行っているかわかりません。
・分野が違う情報は同期などのツテを頼って芋づる式に探す有様です。
・製品不具合情報等の横展開もほとんどなく，非常に効率が悪いです。

職種：代理店営業　年齢・性別：20代後半・男性

・殿様商売と世間では言われていますが，まさにその通り。
・過去の遺産を食いつぶしているような経営方針で不安になります。
・消費者の声はほぼ届かず，上からの声だけ受け入れている感じです。
・40代後半の上層部はかなりの保守派で，時代の流れに抗っています。

職種：プロジェクトリーダー　年齢・性別：30代前半・男性

・裁量労働制なので，残業代はありません。
・みなし労働時間は，月35時間残業相当の専門職手当が支払われますが，その範囲で業務が収まるわけがなく，長時間の残業が発生します。
・残業前提のプロジェクト計画で黒字を目論む企業体質は健在です。

職種：システムエンジニア　年齢・性別：20代後半・男性

・裁量労働制が導入されてからは残業が常態化しています。
・定時で帰ろうものなら「あれ？　何か用事？」と言われます。
・以前は45時間以上残業する際は申請が必要なほどでしたが，裁量労働制導入後は残業が75時間を越えても何も言われません。

▶女性の働きやすさ

職種：代理店営業　年齢・性別：30代前半・男性

・女性の労働環境がかなり整っている会社だと思います。
・出産時に一旦休み，復帰してくるケースは多いです。
・復帰後も時間短縮勤務ができるため，退職する女性は少ないです。
・会社側は女性の活用について，今後も更に取り組んでいくようです。

職種：システムエンジニア　年齢・性別：20代前半・男性

・住宅手当など，既婚者が働きやすい環境づくりに力を入れています。
・産休・育休など社内の既婚者はほとんど活用されているようですが，実力主義という点はどうしてもあるので覚悟は必要です。
・産休・育休で仕事ができなくなる人は，部署移動や給与にも影響。

職種：社内SE　年齢・性別：20代後半・女性

・産休，育休を使う人も多く，女性にはとても良い環境だと思います。
・外部講師を招き，女性の環境向上のためのセミナーなどもあります。
・会社として女性の待遇にとても力を入れているのを感じます。
・年配の上司によっては，差別的な見方の方もまだ若干いますが。

職種：システムエンジニア　年齢・性別：20代後半・女性

・課長，部長，統括部長，事業部長に，それぞれ女性が就いています。
・育児休暇制度が整っていて，復帰して働く女性が年々増えています。
・時短勤務になるため男性に比べて出世は遅くなるようです。
・子育てをしながら管理職に昇進できる環境は整っています。

▶今後の展望

職種：営業　年齢・性別：30代前半・男性

・国内市場は飽和状態のため，海外へ行くしかないと思いますが，経営陣に難があるためグローバル進出は難しいかもしれません。
・アジアを中心に市場開拓していますが，先行きは不透明です。
・金融事業は好調のため，引き続き当社の主軸となるでしょう。

職種：サービス企画　年齢・性別：20代後半・男性

・事業規模が非常に大きく，現在は非常に安定しています。
・国内に閉じた事業内容なので，今後の伸びしろは微妙かと。
・海外進出の計画もあるようですが，目立った動きはまだありません。
・業種的にグローバル展開の意義はあまりないのかもしれません。

職種：新規事業・事業開発　年齢・性別：20代後半・男性

・携帯事業以外の新規事業を模索している段階です。
・OTTプレーヤーと言われる企業に勝るサービスの創出に難航中。
・今までの成功体験や仕事のやり方からの脱却がカギだと思います。
・グローバル化にも程遠く，海外志向の人にはオススメできません。

職種：営業　年齢・性別：20代後半・男性

・安定した収益基盤があり，しばらくは安定して推移すると思います。
・通信をベースに，周辺の事業領域が拡大する余地もあると思います。
・今後は海外展開（特にアジア圏）を積極的に進めていくようです。
・日本市場が今後縮小していく中，海外展開は大きなカギになります。

情報通信・IT業界　国内企業リスト（一部抜粋）

会社名	本社住所
NECネッツエスアイ株式会社	文京区後楽2-6-1 飯田橋ファーストタワー
株式会社システナ	東京都港区海岸1丁目2番20号 汐留ビルディング14F
デジタルアーツ株式会社	東京都千代田区大手町1-5-1 大手町ファーストスクエア ウエストタワー14F
新日鉄住金ソリューションズ 株式会社	東京都中央区新川二丁目20-15
株式会社コア	東京都世田谷区三軒茶屋一丁目22番3号
株式会社ソフトクリエイト ホールディングス	東京都渋谷区渋谷2丁目15番1号 渋谷クロスタワー
ITホールディングス株式会社	東京都新宿区西新宿8-17-1 住友不動産新宿グランド タワー21F（総合受付14F）
ネオス株式会社	東京都千代田区神田須田町1-23-1 住友不動産神田ビル2号館10F
株式会社電算システム	岐阜県岐阜市日置江1丁目58番地
グリー株式会社	東京都港区六本木6-10-1 六本木ヒルズ森タワー
コーエーテクモ ホールディングス株式会社	神奈川県横浜市港北区箕輪町1丁目18番12号
株式会社三菱総合研究所	東京都千代田区永田町二丁目10番3号
株式会社ボルテージ	東京都渋谷区恵比寿4-20-3　恵比寿ガーデンプレイス タワー28階
株式会社 電算	長野県長野市鶴賀七瀬中町276-6
株式会社 ヒト・コミュニケーションズ	東京都豊島区東池袋1-9-6
株式会社ブレインパッド	東京都港区白金台3-2-10 白金台ビル
KLab株式会社	東京都港区六本木6-10-1 六本木ヒルズ森タワー
ポールトゥウィン・ピットクルー ホールディングス株式会社	東京都新宿区西新宿2-4-1　新宿NSビル11F
株式会社イーブック イニシアティブジャパン	東京都千代田区神田駿河台2-9 KDX御茶ノ水ビル7F
株式会社　ネクソン	東京都中央区新川二丁目3番1号
株式会社アイスタイル	東京都港区赤坂1-12-32号 アーク森ビル34階
株式会社 エムアップ	東京都渋谷区渋谷2-12-19 東建インターナショナルビル本館5階

会社名	本社住所
株式会社エイチーム	名古屋市西区牛島町6番1号 名古屋ルーセントタワー 36F
株式会社ブロードリーフ	東京都品川区東品川 4-13-14 グラスキューブ品川 8F
株式会社ハーツユナイテッドグループ	東京都港区六本木六丁目 10 番 1 号 六本木ヒルズ森タワー 34 階
株式会社ドワンゴ	東京都中央区銀座 4-12-15 歌舞伎座タワー
株式会社ベリサーブ	東京都新宿区西新宿 6-24-1 西新宿三井ビル 14 階
株式会社マクロミル	東京都港区港南 2-16-1 品川イーストワンタワー 11F
株式会社ティーガイア	東京都渋谷区恵比寿 4-1-18
株式会社豆蔵ホールディングス	東京都新宿区西新宿 2-1-1 新宿三井ビルディング 34 階
テクマトリックス株式会社	東京都港区高輪 4 丁目 10 番 8 号 京急第 7 ビル
GMO ペイメントゲートウェイ株式会社	東京都渋谷区道玄坂 1-14-6 渋谷ヒューマックスビル（受付 7 階）
株式会社ザッパラス	東京都渋谷区渋谷 2 丁目 12 番 19 号 東建インターナショナルビル
株式会社インターネットイニシアティブ	東京都千代田区神田神保町 1-105 神保町三井ビルディング
株式会社ビットアイル	東京都品川区東品川 2-5-5 HarborOne ビル 5F
株式会社 SRA ホールディングス	東京都豊島区南池袋 2-32-8
株式会社朝日ネット	東京都中央区銀座 4-12-15 歌舞伎座タワー 21 階
パナソニック インフォメーションシステムズ株式会社	大阪府大阪市北区茶屋町 19 番 19 号
株式会社フェイス	京都市中京区烏丸通御池下る虎屋町 566-1 井門明治安田生命ビル
株式会社野村総合研究所	東京都千代田区丸の内 1-6-5　丸の内北口ビル
サイバネットシステム株式会社	東京都千代田区神田練塀町 3 番地 富士ソフトビル
株式会社インテージホールディングス	東京都千代田区神田練塀町 3 番地 インテージ秋葉原ビル
ソースネクスト株式会社	東京都港区虎ノ門 3-8-21　虎ノ門 33 森ビル 6 階
株式会社クレスコ	東京都港区港南 2-15-1 品川インターシティ A 棟 25 階～ 27 階
株式会社フジ・メディア・ホールディングス	東京都港区台場二丁目 4 番 8 号
株式会社 オービック	東京都中央区京橋 2 丁目 4 番 15 号

会社名	本社住所
TDC ソフトウェア エンジニアリング株式会社	東京都渋谷区代々木 3-22-7 新宿文化クイントビル
ヤフー株式会社	東京都港区赤坂 9-7-1 ミッドタウン・タワー
トレンドマイクロ株式会社	東京都渋谷区代々木 2-1-1　新宿マインズタワー
日本オラクル株式会社	東京都港区北青山 2-5-8
株式会社アルファシステムズ	川崎市中原区上小田中 6 丁目 6 番 1 号
フューチャーアーキテクト 株式会社	東京都品川区大崎 1-2-2 アートヴィレッジ大崎セントラルタワー
株式会社シーエーシー	東京都中央区日本橋箱崎町 24 番 1 号
ソフトバンク・テクノロジー 株式会社	東京都新宿区西五軒町 13-1　飯田橋ビル 3 号館
株式会社トーセ	京都市下京区東洞院通四条下ル
株式会社オービックビジネス コンサルタント	東京都新宿区西新宿六丁目 8 番 1 号 住友不動産新宿オークタワー 32F
伊藤忠テクノソリューションズ 株式会社	東京都千代田区霞が関 3-2-5　霞が関ビル
株式会社アイティフォー	東京都千代田区一番町 21 番地 一番町東急ビル
株式会社 東計電算	神奈川県川崎市中原区市ノ坪 150
株式会社　エックスネット	東京都新宿区荒木町 13 番地 4　住友不動産四谷ビル 4 階
株式会社大塚商会	東京都千代田区飯田橋 2-18-4
サイボウズ株式会社	東京都文京区後楽 1-4-14 後楽森ビル 12F
ソフトブレーン株式会社	東京都中央区八重洲 2-3-1 住友信託銀行八重洲ビル 9 階
株式会社アグレックス	東京都新宿区西新宿 2 丁目 6 番 1 号 新宿住友ビル
株式会社電通国際情報サービス	東京都港区港南 2-17-1
株式会社 EM システムズ	大阪市淀川区宮原 1 丁目 6 番 1 号 新大阪ブリックビル
株式会社ウェザーニューズ	千葉県千葉市美浜区中瀬 1-3 幕張テクノガーデン
株式会社 CIJ	神奈川県横浜市西区平沼 1-2-24　横浜 NT ビル
ネットワンシステムズ株式会社	東京都千代田区丸の内二丁目 7 番 2 号　JP タワー
株式会社アルゴグラフィックス	東京都中央区日本橋箱崎町 5-14 アルゴ日本橋ビル
ソフトバンク株式会社	東京都港区東新橋 1-9-1

第3章

就職活動のはじめかた

入りたい会社は決まった。しかし「就職活動とはそもそも何をしていいのかわからない」「どんな流れで進むかわからない」という声は意外と多い。ここでは就職活動の一般的な流れや内容，対策について解説していく。

▶就職活動のスケジュール

3月　4月　6月

就職活動スタート

2025年卒の就活スケジュールは，経団連と政府を中心に議論され，2024年卒の採用選考スケジュールから概ね変更なしとされている。

エントリー受付・提出

OB・OG訪問

企業の説明会には積極的に参加しよう。独自の企業研究だけでは見えてこなかった新たな情報を得る機会であるとともに，モチベーションアップにもつながる。また，説明会に参加した者だけに配布する資料などもある。

合同企業説明会　個別企業説明会

筆記試験・面接試験等始まる（3月～）

内々定（大手企業）

2月末までにやっておきたいこと

就職活動が本格化する前に，以下のことに取り組んでおこう。

◎自己分析　◎インターンシップ　◎筆記試験対策
◎業界研究・企業研究　◎学内就職ガイダンス

自分が本当にやりたいことはなにか，自分の能力を最大限に活かせる会社はどこか。自己分析と企業研究を重ね，それを文章などにして明確にしておき，面接時に最大限に活用できるようにしておこう。

※このスケジュール表は一般的なものです。本年(2019年度)の採用スケジュール表ではありませんので，ご注意ください。

月 | 8月 | 10月

中小企業採用本格化

内定者の数が採用予定数に満たない企業，1年を通して採用を継続している企業，夏休み以降に採用活動を実施企業（後期採用）は採用活動を継続して行っている。大企業でも後期採用を行っていることもあるので，企業から内定が出ても，納得がいかなければ継続して就職活動を行うこともある。

中小企業の採用が本格化するのは大手企業より少し遅いこの時期から。HPなどで採用情報をつかむとともに，企業研究も怠らないようにしよう。

内々定とは10月1日以前に通知（電話等）されるもの。内定に関しては現在協定があり，10月1日以降に文書等にて通知される。

内々定(中小企業)

内定式(10月～)

どんな人物が求められる?

多くの企業は，常識やコミュニケーション能力があり，社会のできごとに高い関心を持っている人物を求めている。これは「会社の一員として将来の企業発展に寄与してくれるか」という視点に基づく，もっとも普遍的な選考基準だ。もちろん，「自社の志望を真剣に考えているか」「自社の製品，サービスにどれだけの関心を向けているか」という熱意の部分も重要な要素になる。

就活ロールプレイ!

理論編 STEP 1 就職活動のスタート

内定までの道のりは，大きく分けると以下のようになる。

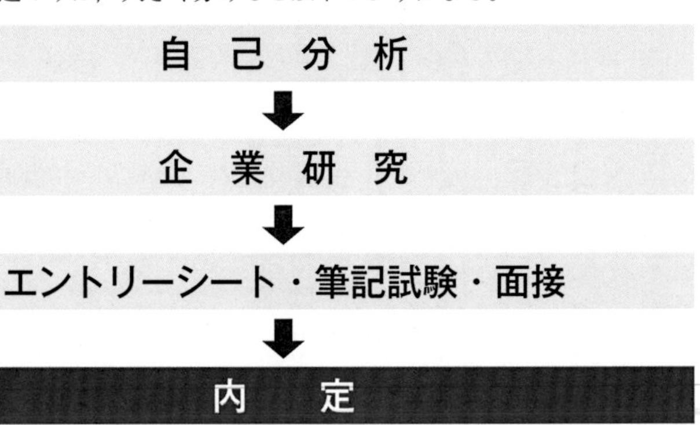

01 まず自己分析からスタート

就職活動とは，「企業に自分をPRすること」。自分自身の興味，価値観に加えて，強み･能力という要素が加わって，初めて企業側に「自分が働いたら，こういうポイントで貢献できる」と自分自身を売り込むことができるようになる。

■自分の来た道を振り返る

自己分析をするための第一歩は，「振り返ってみる」こと。

小学校，中学校など自分のいた“場”ごとに何をしたか（部活動など），何を学んだか，交友関係はどうだったか，興味のあったこと，覚えている印象的なことを書き出してみよう。

■テストを受けてみる

“自分では気がついていない能力”を客観的に検査してもらうことで，自分に向いている職種が見えてくる。下記の5種類が代表的なものだ。

①職業適性検査　②知能検査　③性格検査
④職業興味検査　⑤創造性検査

■先輩や専門家に相談してみる

就職活動をするうえでは，“いかに他人に自分のことをわかってもらうか”が重要なポイント。他者の視点で自分を分析してもらうことで，より客観的な視点で自己PRができるようになる。

自己分析の流れ

❏過去の経験を書いてみる
❏現在の自己イメージを明確にする…行動，考え方，好きなものなど。
❏他人から見た自分を明確にする
❏将来の自分を明確にしてみる…どのような生活をおくっていたいか。期待，夢，願望。なりたい自分はどういうものか，掘り下げて考える。→自己分析結果を，志望動機につなげていく。

理論編
STEP 2 企業の情報を収集する

01 企業の絞り込み

志望企業の絞り込みについての考え方は大きく分けて2つある。

第1は，同一業種の中で1次候補，2次候補……と絞り込んでいく方法。

第2は，業種を1次，2次，3次候補と変えながら，それぞれに2社程度ずつ絞り込んでいく方法。

第1の方法では，志望する同一業種の中で，一流企業，中堅企業，中小企業，縁故などがある歯止めの会社……というふうに絞り込んでいく。

第2の方法では，自分が最も望んでいる業種，将来好きになれそうな業種，発展性のある業種，安定性のある業種，現在好況な業種……というふうに区別して，それぞれに適当な会社を絞り込んでいく。

02 情報の収集場所

・キャリアセンター

・新聞

・インターネット

・企業情報

『就職四季報』（東洋経済新報社刊），『日経会社情報』（日本経済新聞社刊）などの企業情報。この種の資料は本来“株式市場”についての資料だが，その時期の景気動向を含めた情報を仕入れることができる。

・経済雑誌

『ダイヤモンド』（ダイヤモンド社刊）や『東洋経済』（東洋経済新報社刊），『エコノミスト』（毎日新聞出版刊）など。

・OB・OG／社会人

03 志望企業をチェック

①成長力

まず“売上高”。次に資本力の問題や利益率などの比率。いくら資本金があっても，それを上回る膨大な借金を抱えていて，いくら稼いでも利払いに追われまくるようでは，成長できないし，安定できない。

成長力を見るには自己資本率を割り出してみる。自己資本を総資本で割って100を掛けると自己資本率がパーセントで出てくる。自己資本の比率が高いほうが成長力もあり安定度も高い。

利益率は純利益を売上高で割って100を掛ける。利益率が高ければ，企業はどんどん成長するし，社員の待遇も上昇する。利益率が低いということは，仕事がどんなに忙しくても利益にはつながらないということになる。

②技術力

技術力は，短期的な見方と長期的な展望が必要になってくる。研究部門が適切な規模か，大学など企業外の研究部門との連絡があるか，先端技術の分野で開発を続けているかどうかなど。

③経営者と経営形態

会社が将来，どのような発展をするか，または衰退するかは経営者の経営哲学，経営方針によるところが大きい。社長の経歴を知ることも必要。創始者の息子，孫といった親族が社長をしているのか，サラリーマン社長か，官庁などからの天下りかということも大切なチェックポイント。

④社風

社風というのは先輩社員から後輩社員に伝えられ，教えられるもの。社風もいろいろな面から必ずチェックしよう。

⑤安定性

企業が成長しているか，安定しているかということは車の両輪。どちらか片方の回転が遅くなっても企業はバランスを失う。安定し，しかも成長する。これが企業として最も理想とするところ。

⑥待遇

初任給だけを考えてみても，それが手取りなのか，基本給なのか。基本給というのはボーナスから退職金，定期昇給の金額にまで響いてくる。また，待遇というのは給与ばかりではなく，福利厚生施設でも大きな差が出てくる。

■そのほかの会社比較の基準

1. ゆとり度

休暇制度は，企業によって独自のものを設定しているところもある。「長期休暇制度」といったものなどの制定状況と，また実際に取得できているかどうかも調べたい。

2. 独身寮や住宅設備

最近では，社宅は廃止し，住宅手当を多く出すという流れもある。寮や社宅についての福利厚生は調べておく。

3. オフィス環境

会社に根づいた慣習や社員に対する考え方が，意外にオフィスの設備やレイアウトに表れている場合がある。

たとえば，個人の専有スペースの広さや区切り方，パソコンなどOA機器の設置状況，上司と部下の机の配置など，会社によってずいぶん違うもの。玄関ロビーや受付の様子を観察するだけでも，会社ごとのカラーや特徴がどこかに見えてくる。

4. 勤務地

転勤はイヤ，どうしても特定の地域で生活していきたい。そんな声に応えて，最近は流通業などを中心に，勤務地限定の雇用制度を取り入れる企業も増えている。

column 初任給では分からない本当の給与

会社の給与水準には「初任給」「平均給与」「平均ボーナス」「モデル給与」など，判断材料となるいくつかのデータがある。これらのデータからその会社の給料の優劣を判断するのは非常に難しい。

たとえば中小企業の中には，初任給が飛び抜けて高い会社がときどきある。しかしその後の昇給率は大きくないのがほとんど。

一方，大手企業の初任給は業種間や企業間の差が小さく，ほとんど横並びと言っていい。そこで，「平均給与」や「平均ボーナス」などで将来の予測をするわけだが，これは一応の目安とはなるが，個人差があるので正確とは言えない。

04 就職ノートの作成

■決定版「就職ノート」はこう作る

1冊にすべて書き込みたいという人には，ルーズリーフ形式のノートがお勧め。会社研究，スケジュール，時事用語，OB／OG訪問，切り抜きなどの項目を作りインデックスをつける。

カレンダー，説明会，試験などのスケジュール表を貼り，とくに会社別の説明会，面談，書類提出，試験の日程がひと目で分かる表なども作っておく。そして見開き2ページで1社を載せ，左ページに企業研究，右ページには志望理由，自己PRなどを整理する。

就職ノートの主なチェック項目

- ❏企業研究…資本金，業務内容，従業員数など基礎的な会社概要から，過去の採用状況，業務報告などのデータ
- ❏採用試験メモ…日程，条件，提出書類，採用方法，試験の傾向など
- ❏店舗・営業所見学メモ…流通関係，銀行などの場合は，客として訪問し，商品（値段，使用価値，ユーザーへの配慮），店員（接客態度，商品知識，熱意，親切度），店舗（ショーケース，陳列の工夫，店内の清潔さ）などの面をチェック
- ❏OB／OG訪問メモ…OB／OGの名前，連絡先，訪問日時，面談場所，質疑応答のポイント，印象など
- ❏会社訪問メモ…連絡先，人事担当者名，会社までの交通機関，最寄り駅からの地図，訪問のときに得た情報や印象，訪問にいたるまでの経過も記入

05「OB／OG訪問」

「OB／OG訪問」は，実際は採用予備選考開始。まず，OB／OG訪問を希望したら，大学のキャリアセンター，教授などの紹介で，志望企業に勤める先輩の手がかりをつかむ。もちろん直接電話なり手紙で，自分の意向を会社側に伝えてもいい。自分の在籍大学，学部をはっきり言って，「先輩を紹介していただけないでしょうか」と依頼しよう。

参考

OB／OG訪問時の質問リスト例

●採用について

- 成績と面接の比重
- 評価のポイント
- 採用までのプロセス（日程）
- 筆記試験の傾向と対策
- 面接は何回あるか
- コネの効力はどうか
- 面接で質問される事項　etc.

●仕事について

- 内容（入社10年，20年のOB/OG）
- 新入社員の仕事
- 希望職種につけるのか
- やりがいはどうか
- 残業，休日出勤，出張など
- 同業他社と比較してどうか　etc.

●社風について

- 社内のムード
- 上司や同僚との関係
- 仕事のさせ方　etc.

●待遇について

- 給与について
- 福利厚生の状態
- 昇進のスピード
- 離職率について　etc.

06 インターンシップ

インターンシップとは，学生向けに企業が用意している「就業体験」プログラム。ここで学生はさまざまな企業の実態をより深く知ることができ，その後の就職活動において自己分析，業界研究，職種選びなどに活かすことができる。また企業側にとっても有能な学生を発掘できるというメリットがあるため，導入する企業は増えている。

インターンシップ参加が採用につながっているケースもあるため，たくさん参加してみよう。

column コネを利用するのも１つの手段？

コネを活用できるのは，以下のような場合である。

・企業と大学に何らかの「連絡」がある場合

企業の新卒採用の場合，特定校・指定校が決められていることもある。企業側が過去の実績などに基づいて決めており，大学の力が大きくものをいう。

とくに理工系では，指導教授や研究室と企業との連絡が密接な場合が多く，教授の推薦が有利であることは言うまでもない。同じ大学出身の先輩とのコネも，この部類に区分できる。

・志望企業と「関係」ある人と関係がある場合

一般的に言えば，志望企業の取り引き先関係からの紹介というのが一番多い。ただし，年間億単位の実績が必要で，しかも部長・役員以上につながっていなければコネがあるとは言えない。

・志望企業と何らかの「親しい関係」がある場合

志望企業に勤務したりアルバイトをしていたことがあるという場合。インターンシップもここに分類される。職場にも馴染みがあり人間関係もできているので，就職に際してきわめて有利。

・志望会社に関係する人と「縁故」がある場合

縁故を「血縁関係」とした場合，日本企業ではこのコネはかなり有効なところもある。ただし，血縁者が同じ会社にいるというのは不都合なことも多いので，どの企業も慎重。

07 会社説明会のチェックポイント

1. 受付の様子

受付事務がテキパキとしていて，分かりやすいかどうか。社員の態度が親切で誠意が伝わってくるかどうか。

こういった受付の様子からでも，その会社の社員教育の程度や，新入社員採用に対する熱意とか期待を推し測ることができる。

2. 控え室の様子

控え室が2カ所以上あって，国立大学と私立大学の訪問者とが，別々に案内されているようなことはないか。また，面談の順番を意図的に変えているようなことはないか。これはよくある例で，すでに大半は内定しているということを意味する場合が多い。

3. 社内の雰囲気

社員の話し方，その内容を耳にはさむだけでも，社風が伝わってくる。

4. 面談の様子

何時間も待たせたあげくに，きわめて事務的に，しかも投げやりな質問しかしないような採用担当者である場合，この会社は人事が適正に行われていないということだから，一考したほうがよい。

説明会での質問項目

- 質問内容が抽象的でなく，具体性のあるものかどうか。
- 質問内容は，現在の社会・経済・政治などの情況を踏まえた，大学生らしい高度で専門性のあるものか。
- 質問をするのはいいが，「それでは，あなたの意見はどうか」と逆に聞かれたとき，自分なりの見解が述べられるものであるか。

理論編 STEP3 提出書類を用意する

提出する書類は6種類。①～③が大学に申請する書類，④～⑥が自分で書く書類だ。大学に申請する書類は一度に何枚も入手しておこう。

①「卒業見込証明書」

②「成績証明書」

③「健康診断書」

④「履歴書」

⑤「エントリーシート」

⑥「会社説明会アンケート」

■自分で書く書類は「自己PR」

第1次面接に進めるか否かは「自分で書く書類」の出来にかかっている。「履歴書」と「エントリーシート」は会社説明会に行く前に準備しておくもの。「会社説明会アンケート」は説明会の際に書き，その場で提出する書類だ。

01 履歴書とエントリーシートの違い

Webエントリーを受け付けている企業に資料請求をすると，資料と一緒に「エントリーシート」が送られてくるので，応募サイトのフォームやメールでエントリーシートを送付する。Webエントリーを行っていない企業には，ハガキやメールで資料請求をする必要があるが，「エントリーシート」は履歴書とは異なり，企業が設定した設問に対して回答するもの。すなわちこれが「1次試験」であり，これにパスをした人だけが会社説明会に呼ばれる。

02 記入の際の注意点

■字はていねいに

字を書くところから，その企業に対する“本気度”は測られている。

■誤字，脱字は厳禁

使用するのは，黒のインク。

■修正液使用は不可

■数字は算用数字

■自分の広告を作るつもりで書く

自分はこういう人間であり，何がしたいかということを簡潔に書く。メリットになることだけで良い。自分に損になるようなことを書く必要はない。

■「やる気」を示す具体的なエピソードを

「私はやる気があります」「私は根気があります」という抽象的な表現だけではNG。それを示すエピソードのようなものを書かなくては意味がない。

Point

自己紹介欄の項目はすべて「自己PR」。自分はこういう人間であることを印象づけ，それがさらに企業への「志望動機」につながっていくような書き方をする。

column 履歴書やエントリーシートは，共通でもいい？

「履歴書」や「エントリーシート」は企業によって書き分ける。業種はもちろん，同じ業界の企業であっても求めている人材が違うからだ。各書類は提出前にコピーを取り，さらに出した企業名を忘れずに書いておくことも大切だ。

履歴書記入のPoint

写真	スナップ写真は不可。 スーツ着用で，胸から上の物を使用する。ポイントは「清潔感」。 氏名・大学名を裏書きしておく。
日付	郵送の場合は投函する日，持参する場合は持参日の日付を記入する。
生年月日	西暦は避ける。元号を省略せずに記入する。
氏名	戸籍上の漢字を使う。印鑑押印欄があれば忘れずに押す。
住所	フリガナ欄がカタカナであればカタカナで，平仮名であれば平仮名で記載する。
学歴	最初の行の中央部に「学□□歴」と2文字程度間隔を空けて，中学校卒業から大学（卒業・卒業見込み）まで記入する。 中途退学の場合は，理由を簡潔に記載する。留年は記入する必要はない。 職歴がなければ，最終学歴の一段下の行の右隅に，「以上」と記載する。
職歴	最終学歴の一段下の行の中央部に「職□□歴」と2文字程度間隔を空け記入する。 「株式会社」や「有限会社」など，所属部門を省略しないで記入する。 「同上」や「〃」で省略しない。 最終職歴の一段下の行の右隅に，「以上」と記載する。
資格・免許	4級以下は記載しない。学習中のものも記載して良い。 「普通自動車第一種運転免許」など，省略せずに記載する。
趣味・特技	具体的に（例：読書でもジャンルや好きな作家を）記入する。
志望理由	その企業の強みや良い所を見つけ出したうえで，「自分の得意な事」がどう活かせるかなどを考えぬいたものを記入する。
自己PR	応募企業の事業内容や職種にリンクするような，自分の経験やスキルなどを記入する。
本人希望欄	面接の連絡方法，希望職種・勤務地などを記入する。「特になし」や空白はNG。
家族構成	最初に世帯主を書き，次に配偶者，それから家族を祖父母，兄弟姉妹の順に。続柄は，本人から見た間柄。兄嫁は，義姉と書く。
健康状態	「良好」が一般的。

理論編 STEP4

エントリーシートの記入

01 エントリーシートの目的

・応募者を，決められた採用予定者数に絞り込むこと
・面接時の資料にする

の2つ。

■知りたいのは職務遂行能力

採用担当者が学生を見る場合は,「こいつは与えられた仕事をこなせるかどうか」という目で見ている。企業に必要とされているのは仕事をする能力なのだ。

Point

質問に忠実に，“自分がいかにその会社の求める人材に当てはまるか”を丁寧に答えること。

02 効果的なエントリーシートの書き方

■情報を伝える書き方

課題をよく理解していることを相手に伝えるような気持ちで書く。

■文章力

大切なのは全体のバランスが取れているか。書く前に，何をどれくらいの字数で収めるか計算しておく。

「起承転結」でいえば，「起」は，文章を起こす導入部分。「承」は，起を受けて，その提起した問題に対して承認を求める部分。「転」は，自説を展開する部分。もっともオリジナリティが要求される。「結」は,最後の締めの結論部分。文章の構成・まとめる力で，総合的な能力が高いことをアピールする。

エントリーシートでよく取り上げられる題材と，その出題意図

エントリーシートで求められるものは，「自己PR」「志望動機」「将来どうなりたいか（目指すこと）」の3つに大別される。

1.「自己PR」

自己分析にしたがって作成していく。重要なのは，「なぜそうしようと思ったか？」「○○をした結果，何が変わったのか？何を得たのか？」という“連続性”が分かるかどうかがポイント。

2.「志望動機」

自己PRと一貫性を保ち，業界志望理由と企業志望理由を差別化して表現するように心がける。志望する業界の強みと弱み，志望企業の強みと弱みの把握は基本。

3.「将来の展望」

どんな社員を目指すのか，仕事へはどう臨もうと思っているか，目標は何か，などが問われる。仕事内容を事前に把握しておくだけでなく，5年後の自分，10年後の自分など，具体的な将来像を描いておくことが大切。

表現力，理解力のチェックポイント

- ❏文法，語法が正しいかどうか
- ❏論旨が論理的で一貫しているかどうか
- ❏1センテンスが簡潔かどうか
- ❏表現が統一されているかどうか（「です，ます」調か「だ，である」調か）

理論編 STEP5

面接試験の進みかた

01 個人面接

●自由面接法

面接官と受験者のキャラクターやその場の雰囲気，質問と応答の進行具合などによって雑談形式で自由に進められる。

●標準面接法

自由面接法とは逆に，質問内容や評価の基準などがあらかじめ決まっている。実際には自由面接法と併用で，おおまかな質問事項や判定基準，評価ポイントを決めておき，質疑応答の内容上の制限を緩和しておくスタイルが一般的。1次面接などでは標準面接法をとり，2次以降で自由面接法をとる企業も多い。

●非指示面接法

受験者に自由に発言してもらい，面接官は話題を引き出したりするときなど，最小限の質問をするという方法。

●圧迫面接法

わざと受験者の精神状態を緊張させ，受験者がどのような応答をするかを観察し，判定する。受験者は，冷静に対応することが肝心。

02 集団面接

面接の方法は個人面接と大差ないが，面接官がひとつの質問をして，受験者が順にそれに答えるという方法と，面接官が司会役になって，座談会のような形式で進める方法とがある。

座談会のようなスタイルでの面接は，なるべく受験者全員が関心をもっているような話題を取りあげ，意見を述べさせるという方法。この際，司会役以外の面接官は一言も発言せず，判定・評価に専念する。

03 グループディスカッション

グループディスカッション（以下，GD）の時間は30～60分程度，1グループの人数は5～10人程度で，司会は面接官が行う場合や，時間を決めて学生が交替で行うことが多い。面接官は内容については特に指示することはなく，受験者がどのようにGDを進めるかを観察する。

評価のポイントは，全体的には理解力，表現力，指導性，積極性，協調性など，個別的には性格，知識，適性などが観察される。

GDの特色は，集団の中での個人ということで，受験者の能力がどの程度のものであるか，また，どのようなことに向いているかを判定できること。受験者は，グループの中における自分の位置を面接官に印象づけることが大切だ。

グループディスカッション方式の面接におけるチェックポイント

- ❏全体の中で適切な論点を提供できているかどうか。
- ❏問題解決に役立つ知識を持っているか，また提供できているかどうか。
- ❏もつれた議論を解きほぐし，的はずれの議論を元に引き戻す努力をしているかどうか。
- ❏グループ全体としての目標をいつも考えているかどうか。
- ❏感情的な対立や攻撃をしかけているようなことはないか。
- ❏他人の意見に耳を傾け，よい意見には賛意を表し，それを全体に推し広げようという寛大さがあるかどうか。
- ❏議論の流れを自然にリードするような主導性を持っているかどうか。
- ❏提出した意見が議論の進行に大きな影響を与えているかどうか。

04 面接時の注意点

●控え室

控え室には，指定された時間の15分前には入室しよう。そこで担当の係から，面接に際しての注意点や手順の説明が行われるので，疑問点は積極的に聞くようにし，心おきなく面接にのぞめるようにしておこう。会社によっては，所定のカードに必要事項を書き込ませたり，お互いに自己紹介をさせたりする場合もある。また，この控え室での行動も細かくチェックして，合否の資料にしている会社もある。

●入室・面接開始

係員がドアの開閉をしてくれる場合もあるが，それ以外は軽くノックして入室し，必ずドアを閉める。そして入口近くで軽く一礼し，面接官か補助員の「どうぞ」という指示で正面の席に進み，ここで再び一礼をする。そして，学校名と氏名を名のって静かに着席する。着席時は，軽く椅子にかけるようにする。

●面接終了と退室

面接の終了が告げられたら，椅子から立ち上がって一礼し，椅子をもとに戻して，面接官または係員の指示を受けて退室する。

その際も，ドアの前で面接官のほうを向いて頭を下げ，静かにドアを開閉する。控え室に戻ったら，係員の指示を受けて退社する。

05 面接試験の評定基準

●協調性

企業という「集団」では，他人との協調性が特に重視される。

感情や態度が円満で調和がとれていること，極端に好悪の情が激しくなく，物事の見方や考え方が穏健で中立であることなど，職場での人間関係を円滑に進めていくことのできる人物かどうかが評価される。

●話し方

外観印象的には，言語の明瞭さや応答の態度そのものがチェックされる。小さな声で自信のない発言，乱暴野卑な発言は減点になる。

考えをまとめたら，言葉を選んで話すくらいの余裕をもって，真剣に応答しようとする姿勢が重視される。軽率な応答をしたり，まして発言に矛盾を指摘されるような事態は極力避け，もしそのような状況になりそうなときは，自分の非を認めてはっきりと謝るような態度を示すべき。

●好感度

実社会においては，外観による第一印象が，人間関係や取引に大きく影響を及ぼす。

「フレッシュな爽やかさ」に加え，入社志望など，自分の意思や希望をより明確にすることで，強い信念に裏づけられた姿勢をアピールできるよう努力したい。

●判断力

何を質問されているのか，何を答えようとしているのか，常に冷静に判断していく必要がある。

●**表現力**

話に筋道が通り理路整然としているか，言いたいことが簡潔に言えるか，話し方に抑揚があり聞く者に感銘を与えるか，用語が適切でボキャブラリーが豊富かどうか。

●**積極性**

活動意欲があり，研究心旺盛であること，進んで物事に取り組み，創造的に解決しようとする意欲が感じられること，話し方にファイトや情熱が感じられること，など。

●**計画性**

見通しをもって順序よく合理的に仕事をする性格かどうか，またその能力の有無。企業の将来性のなかに，自分の将来をどうかみ合わせていこうとしているか，現在の自分を出発点として，何を考え，どんな仕事をしたいのか。

●**安定性**

情緒の安定は，社会生活に欠くことのできない要素。自分自身をよく知っているか，他の人に流されない信念をもっているか。

●**誠実性**

自分に対して忠実であろうとしているか，物事に対してどれだけ誠実な考え方をしているか。

●**社会性**

企業は集団活動なので，自分の考えに固執したり，不平不満が多い性格は向かない。柔軟で適応性があるかどうか。

清潔感や明朗さ，若々しさといった外観面も重視される。

06 面接試験の質問内容

1. 志望動機

受験先の概要や事業内容はしっかりと頭の中に入れておく。また，その企業の企業活動の社会的意義と，自分自身の志望動機との関連を明確にしておく。「安定している」「知名度がある」「将来性がある」といった利己的な動機，「自分の性格に合っている」というような，あいまいな動機では説得力がない。安定性や将来性は，具体的にどのような企業努力によって支えられているのかという考察も必要だし，それに対する受験者自身の評価や共感なども問われる。

①どうしてその業種なのか

②どうしてその企業なのか

③どうしてその職種なのか

以上の①～③と，自分の性格や資質，専門などとの関連性を説明できるようにしておく。

自分がどうしてその会社を選んだのか，どこに大きな魅力を感じたのかを，できるだけ具体的に，情熱をもって語ることが重要。自分の長所と仕事の適性を結びつけてアピールし，仕事のやりがいや仕事に対する興味を述べるのもよい。

■複数の企業を受験していることは言ってもいい？

同じ職種，同じ業種で何社かかけもちしている場合，正直に答えてもかまわない。しかし，「第一志望はどこですか」というような質問に対して，正直に答えるべきかどうかというと，やはりこれは疑問がある。どんな会社でも，他社を第一志望にあげられれば，やはり愉快には思わない。

また，職種や業種の異なる会社をいくつか受験する場合も同様で，極端に性格の違う会社をあげれば，その矛盾を突かれるのは必至だ。

2. 仕事に対する意識・職業観

採用試験の段階では，次年度の配属予定が具体的に固まっていない会社もかなりある。具体的に職種や部署などを細分化して募集している場合は別だが，そうでない場合は，希望職種をあまり狭く限定しないほうが賢明。どの業界においても，採用後，新入社員には，研修としてその会社の各セクションをひと通り経験させる企業は珍しくない。そのうえで，具体的な配属計画を検討するのだ。

大切なことは，就職や職業というものを，自分自身の生き方の中にどう位置づけるか，また，自分の生活の中で仕事とはどういう役割を果たすのかを考えてみること。つまり自分の能力を活かしたい，社会に貢献したい，自分の存在価値を社会的に実現してみたい，ある分野で何か自分の力を試してみたい……，などの場合を考え，それを自分自身の人生観，志望職種や業種などとの関係を考えて組み立ててみる。自分の人生観をもとに，それを自分の言葉で表現できるようにすることが大切。

3. 自己紹介・自己PR

性格そのものを簡単に変えたり，欠点を克服したりすることは実際には難しいが，“仕方がない”という姿勢を見せることは禁物で，どんなささいなことでも，努力している面をアピールする。また一般的にいって，専門職を除けば，就職時になんらかの資格や技能を要求する企業は少ない。

ただ，資格をもっていれば採用に有利とは限らないが，専門性を要する業種では考慮の対象とされるものもある。たとえば英検，簿記など。

企業が学生に要求しているのは，4年間の勉学を重ねた学生が，どのように仕事に有用であるかということで，学生の知識や学問そのものを聞くのが目的ではない。あくまで，社会人予備軍としての謙虚さと素直さを失わないようにする。

知識や学力よりも，その人の人間性，ビジネスマンとしての可能性を重視するからこそ，面接担当者は，学生生活全般について尋ねることで，書類だけでは分からない人間性を探ろうとする。

何かうち込んだものや思い出に残る経験などは，その人の人間的な成長になんらかの作用を及ぼしているものだ。どんな経験であっても，そこから受けた印象や教訓などは，明確に答えられるようにしておきたい。

4. 一般常識・時事問題

一般常識・時事問題については筆記試験の分野に属するが，面接でこうしたテーマがもち出されることも珍しくない。受験者がどれだけ社会問題に関心をもっているか，一般常識をもっているか，また物事の見方・考え方に偏りがないかなどを判定する。知識や教養だけではなく，一問一答の応答を通じて，その人の性格や適応能力まで判断されることになる。

07 面接に向けての事前準備

■面接試験1カ月前までには万全の準備をととのえる

●志望会社・職種の研究

新聞の経済欄や経済雑誌などのほか，会社年鑑，株式情報など書物による研究をしたり，インターネットにあがっている企業情報や，検索によりさまざまな角度から調べる。すでにその会社へ就職している先輩や知人に会って知識を得たり，大学のキャリアセンターへ情報を求めるなどして総合的に判断する。

■専攻科目の知識・卒論のテーマなどの整理

大学時代にどれだけ勉強してきたか，専攻科目や卒論のテーマなどを整理しておく。

■時事問題に対する準備

毎日欠かさず新聞を読む。志望する企業の話題は，就職ノートに整理するなどもアリ。

面接当日の必需品

- ❏必要書類（履歴書，卒業見込証明書，成績証明書，健康診断書，推薦状）
- ❏学生証
- ❏就職ノート（志望企業ファイル）
- ❏印鑑，朱肉
- ❏筆記用具（万年筆，ボールペン，サインペン，シャープペンなど）
- ❏手帳，ノート
- ❏地図（訪問先までの交通機関などをチェックしておく）
- ❏現金（小銭も用意しておく）
- ❏腕時計（オーソドックスなデザインのもの）
- ❏ハンカチ，ティッシュペーパー
- ❏くし，鏡（女性は化粧品セット）
- ❏シューズクリーナー
- ❏ストッキング
- ❏折りたたみ傘（天気予報をチェックしておく）
- ❏携帯電話，充電器

理論編 STEP6

筆記試験の種類

■一般常識試験

社会人として企業活動を行ううえで最低限必要となる一般常識のほか，英語，国語，社会(時事問題)，数学などの知識の程度を確認するもの。

難易度はおおむね中学・高校の教科書レベル。一般常識の問題集を1冊やっておけばよいが，業界によっては専門分野が出題されることもあるため，必ず志望する企業のこれまでの試験内容は調べておく。

■一般常識試験の対策

・**英語**　慣れておくためにも，教科書を復習する，英字新聞を読むなど。
・**国語**　漢字，四字熟語，反対語，同音異義語，ことわざをチェック。
・**時事問題**　新聞や雑誌，テレビ，ネットニュースなどアンテナを張っておく。

■適性検査

SPI（Synthetic Personality Inventory）試験（SPI3試験）とも呼ばれ，能力テストと性格テストを合わせたもの。

能力テストでは国語能力を測る「言語問題」と，数学能力を測る「非言語問題」がある。言語的能力，知覚能力，数的能力のほか，思考・推理能力，記憶力，注意力などの問題で構成されている。

性格テストは「はい」か「いいえ」で答えていく。仕事上の適性と性格の傾向などが一致しているかどうかをみる。

SPIは職務への適応性を客観的にみるためのもの。

理論編 STEP 7

論作文の書き方

01「論文」と「作文」

一般に「論文」はあるテーマについて自分の意見を述べ，その論証をする文章で，必ず意見の主張とその論証という2つの部分で構成される。問題提起と論旨の展開，そして結論を書く。

「作文」は，一般的には感想文に近いテーマ，たとえば「私の興味」「将来の夢」といったものがある。

就職試験では「論文」と「作文」を合わせた“論作文”とでもいうようなものが出題されることが多い。

論作文試験とは，「文章による面接」。テーマに書き手がどういう態度を持っているかを知ることが，出題の主な目的だ。受験者の知識・教養・人生観・社会観・職業観，そして将来への希望などが，どのような思考を経て，どう表現されているかによって，企業にとって，必要な人物かどうかを判断している。

論作文の場合には，書き手の社会的意識や考え方に加え，「感銘を与える」働きが要求される。就職活動とは，企業に対し「自分をアピールすること」だということを常に念頭に置いておきたい。

Point

論文と作文の違い

	論　文	作　文
テーマ	学術的・社会的・国際的なテーマ。時事，経済問題など	個人的・主観的なテーマ。人生観，職業観など
表現	自分の意見や主張を明確に述べる。	自分の感想を述べる。
展開	四段型（起承転結）の展開が多い。	三段型（はじめに・本文・結び）の展開が多い。
文体	「だ調・である調」のスタイルが多い。	「です調・ます調」のスタイルが多い。

02 採点のポイント

・テーマ

与えられた課題（テーマ）を，受験者はどのように理解しているか。

出題されたテーマの意義をよく考え，それに対する自分の意見や感情が，十分に整理されているかどうか。

・表現力

課題について本人が感じたり，考えたりしたことを，文章で的確に表しているか。

・字・用語・その他

かなづかいや送りがなが合っているか，文中で引用されている格言やことわざの類が使用法を間違えていないか，さらに誤字・脱字に至るまで，文章の基本的な力が受験者の人柄ともからんで厳密に判定される。

・オリジナリティ

魅力がある文章とは，オリジナリティを率直に出すこと。自分の感情や意見を，自分の言葉で表現する。

・生活態度

文章は，書き手の人格や人柄を映し出す。平素の社会的関心や他人との協調性，趣味や読書傾向はどうであるかといった，受験者の日常における生き方，生活態度がみられる。

・字の上手・下手

できるだけ読みやすい字を書く努力をする。また，制限字数より文章が長くなって原稿用紙の上下や左右の空欄に書き足したりすることは避ける。消しゴムで消す場合にも，丁寧に。

いずれの場合でも，表面的な文章力を問うているのではなく，受験者の人柄のほうを重視している。

実践編

マナーチェックリスト

就活において企業の人事担当は，面接試験やOG／OB訪問，そして面接試験において，あなたのマナーや言葉遣いといった，「常識力」をチェックしている。現在の自分はどのくらい「常識力」が身についているかをチェックリストで振りかえり，何ができて，何ができていないかを明確にしたうえで，今後の取り組みに生かしていこう。

評価基準 5：大変良い 4：やや良い 3：どちらともいえない 2：やや悪い 1：悪い

	項目	評価	メモ
挨拶	明るい笑顔と声で挨拶をしているか		
	相手を見て挨拶をしているか		
	相手より先に挨拶をしているか		
	お辞儀を伴った挨拶をしているか		
	直接の応対者でなくても挨拶をしているか		
表情	笑顔で応対しているか		
	表情に私的感情がでていないか		
	話しかけやすい表情をしているか		
	相手の話は真剣な顔で聞いているか		
身だしなみ	前髪は目にかかっていないか		
	髪型は乱れていないか／長い髪はまとめているか		
	髭の剃り残しはないか／化粧は健康的か		
	服は汚れていないか／清潔に手入れされているか		
	機能的で職業・立場に相応しい服装をしているか		
	華美なアクセサリーはつけていないか		
	爪は伸びていないか		
	靴下の色は適当か／ストッキングの色は自然な肌色か		
	靴の手入れは行き届いているか		
	ポケットに物を詰めすぎていないか		

	項目	評価	メモ
言葉遣い	専門用語を使わず，相手にわかる言葉で話しているか		
	状況や相手に相応しい敬語を正しく使っているか		
	相手の聞き取りやすい音量・速度で話しているか		
	語尾まで丁寧に話しているか		
	気になる言葉癖はないか		
動作	物の授受は両手で丁寧に実施しているか		
	案内・指し示し動作は適切か		
	キビキビとした動作を心がけているか		
心構え	勤務時間・指定時間の５分前には準備が完了しているか		
	心身ともに健康管理をしているか		
	仕事とプライベートの切替えができているか		

☑ 常に自己点検をするクセをつけよう

「人を表情やしぐさ，身だしなみなどの見かけで判断してはいけない」と一般にいわれている。確かに，人の個性は見かけだけではなく，内面においても見いだされるもの。しかし，私たちは人を第一印象である程度決めてしまう傾向がある。それが面接試験など初対面の場合であればなおさらだ。したがって，チェックリストにあるような挨拶，表情，身だしなみ等に注意して面接試験に臨むことはとても重要だ。ただ，これらは面接試験前にちょっと対策したからといって身につくようなものではない。付け焼き刃的な対策をして面接試験に臨んでも，面接官はあっという間に見抜いてしまう。日頃からチェックリストにあるような項目を意識しながら行動することが大事であり，そうすることで，最初はぎこちない挨拶や表情等も，その人の個性に応じたすばらしい所作へ変わっていくことができるのだ。さっそく，本日から実行してみよう。

実践編 STEP 1

表情

面接試験において，印象を決定づける表情はとても大事。
どのようにすれば感じのいい表情ができるのか，ポイントを確認していこう。

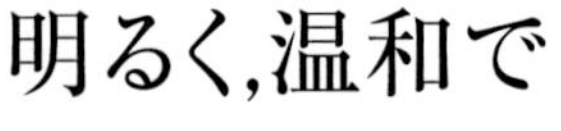

明るく,温和で柔らかな表情をつくろう

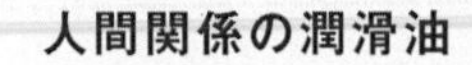

人間関係の潤滑油

表情に関しては，まずは豊かであるということがベースになってくる。うれしい表情，困った表情，驚いた表情など，さまざまな気持ちを表現できるということが，人間関係を潤いのあるものにしていく。

Point

表情はコミュニケーションの大前提。相手に「いつでも話しかけてくださいね」という無言の言葉を発しているのが，就活に求められる表情だ。面接官が安心してコミュニケーションをとろうと思ってくれる表情。それが，明るく，温和で柔らかな表情となる。

いますぐデキる

カンタンTraining

Training 01

喜怒哀楽を表してみよう

- 人との出会いを楽しいと思うことが表情の基本
- 表情を豊かにする大前提は相手の気持ちに寄り添うこと
- 目元・口元だけでなく，眉の動きを意識することが大事

Training 02

表情筋のストレッチをしよう

- 表情筋は「ウイスキー」の発音によって鍛える
- 意識して毎日，取り組んでみよう
- 笑顔の共有によって相手との距離が縮まっていく

実践編
STEP 2　挨拶

コミュニケーションは挨拶から始まり，その挨拶ひとつで印象は変わるもの。ポイントを確認していこう。

丁寧にしっかりと はっきり挨拶をしよう

人間関係の第一歩

挨拶は心を開いて，相手に近づくコミュニケーションの第一歩。たかが挨拶，されど挨拶の重要性をわきまえて，きちんとした挨拶をしよう。形，つまり“技”も大事だが，心をこめることが最も重要だ。

Point

挨拶はコミュニケーションの第一歩。相手が挨拶するのを待っているのは望ましくない。挨拶の際のポイントは丁寧であることと，はっきり声に出すことの2つ。丁寧な挨拶は，相手を大事にして迎えている気持ちの表れとなる。はっきり声に出すことで，これもきちんと相手を迎えていることが伝わる。また，相手もその応答として挨拶してくれることで，会ってすぐに双方向のコミュニケーションが成立する。

いますぐデキる

カンタンTraining

Training 01

3つのお辞儀をマスターしよう

① 会釈（15度）

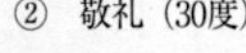

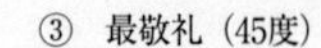

- **息を吸うことを意識してお辞儀をするとキレイな姿勢に**
- **目線は真下ではなく，床前方1.5m先ぐらいを見よう**
- **相手への敬意を忘れずに**

Training 02

対面時は言葉が先，お辞儀が後

- **相手に体を向けて先に自ら挨拶をする**
- **挨拶時，相手とアイコンタクトをしっかり取ろう**
- **挨拶の後に，お辞儀をする。これを「語先後礼」という**

実践編
STEP 3
聞く姿勢

コミュニケーションは「話す」よりも「聞く」ことといわれる。相手が話しやすい聞き方の，ポイントを確認しよう。

相手の話を受けとめる

話を聞くときは，やや前に傾く姿勢をとる。表情と姿勢が合わさることにより，話し手の心が開き「あれも，これも話そう」という気持ちになっていく。また，「はい」と一度のお辞儀で頷くと相手の話を受け止めているというメッセージにつながる。

Point

話をすること，話を聞いてもらうことは誰にとってもプレッシャーを伴うもの。そのため，「何でも話して良いんですよ」「何でも話を聞きますよ」「心配しなくて良いんですよ」という気持ちで聞くことが大切になる。その気持ちが聞く姿勢に表れれば，相手は安心して話してくれる。

いますぐデキる

カンタンTraining

Training 01

頷きは一度で

・相手が話した後に「はい」と一言発する
・頷きすぎは逆効果

Training 02

目線は自然に

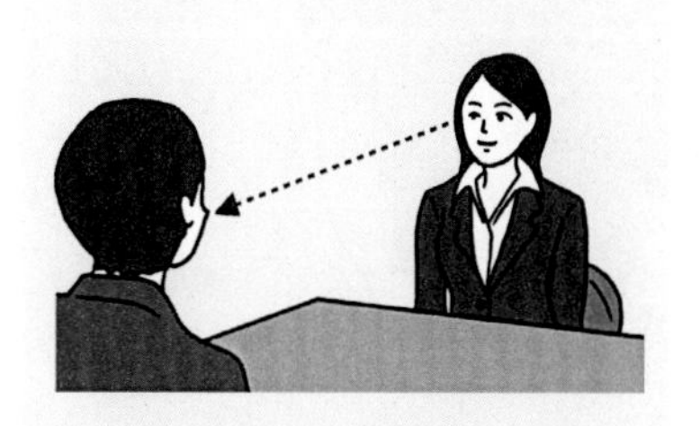

・鼻の付け根あたりを見ると自然な印象に
・目を見つめすぎるのはNG

Training 03

話の句読点で視線を移す

・視線は話している人を見ることが基本
・複数の人の話を聞くときは句読点を意識し，視線を振り分けることで聞く姿勢を表す

実践編 STEP 4

伝わる話し方

自分の意思を相手に明確に伝えるためには，話し方が重要となる。はっきりと的確に話すためのポイントを確認しよう。

ボリュームを意識して

話すときのポイントとしては，ボリュームを意識することが挙げられる。会議室の一番奥にいる人に声が届くように意識することで，声のボリュームはコントロールされていく。

Point

コミュニケーションとは「伝達」すること。どのようなことも，適当に伝えるのではなく，伝えるべきことがきちんと相手に届くことが大切になる。そのためには，はっきりと，分かりやすく，丁寧に，心を込めて話すこと。言葉だけでなく，表情やジェスチャーを加えることも有効。

いますぐデキる

カンタンTraining

Training 01

腹式呼吸で発声練習

・「あえいうえおあお」と発声する
・腹式呼吸は，胸部をなるべく動かさずに，息を吸うときにお腹や腰が膨らむよう意識する呼吸法

Training 02

早口言葉にチャレンジ

・「おあやや，母親に，お謝り」と早口で
・口がすぼまった「お」と口が開いた「あ」の発音に，変化をつけられるかがポイント

Training 03

ジェスチャーを有効活用

・腰より上でジェスチャーをする
・体から離した位置に手をもっていく
・ジェスチャーをしたら戻すところをさだめておく

実践編
STEP 5 身だしなみ

身だしなみはその人自身を表すもの。身だしなみの基本について，ポイントを確認しよう。

清潔感，さわやかさを醸し出せるようにしよう

プロの企業人にふさわしい身だしなみを

信頼感，安心感をもたれる身だしなみを考えよう。TPOに合わせた服装は，すなわち“礼”を表している。そして，身だしなみには，「清潔感」，「品のよさ」，「控え目である」という，3つのポイントがある。

Point

相手との心理的な距離や物理的な距離が遠ければ，コミュニケーションは成立しにくくなる。見た目が不潔では誰も近付いてこない。身だしなみが清潔であること，爽やかであることは相手との距離を縮めることにも繋がる。

いますぐデキる

カンタンTraining

Training 01

髪型，服装を整えよう

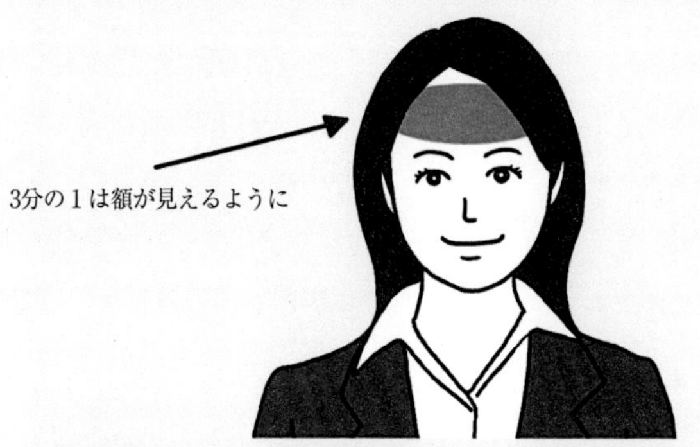

・男性も女性も眉が見える髪型が望ましい。３分の１は額が見えるように。額は知性と清潔感を伝える場所。男性の髪の長さは耳や襟にかからないように

・スーツで相手の前に立つときは，ボタンはすべて留める。男性の場合は下のボタンは外す

Training 02

おしゃれとの違いを明確に

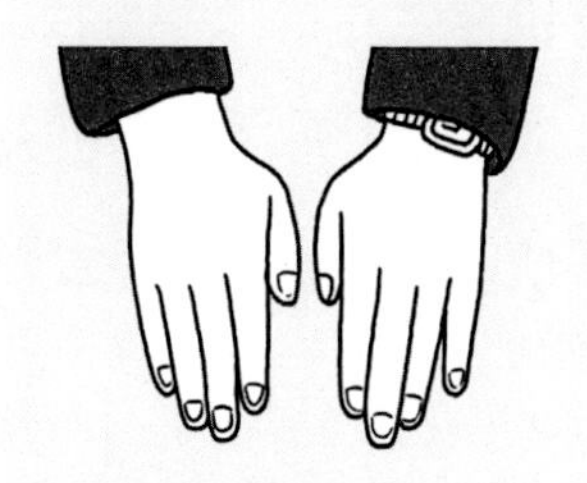

・爪はできるだけ切りそろえる

・爪の中の汚れにも注意

・ジェルネイル，ネイルアートはNG

Training 03

足元にも気を配って

・女性の場合はパンプス，男性の場合は黒の紐靴が望ましい

・靴はこまめに汚れを落とし見栄えよく

●情報提供のお願い●

就職活動研究会では，就職活動に関する情報を募集しています。

エントリーシートやグループディスカッション，面接，筆記試験の内容等について情報をお寄せください。ご応募はメールアドレス（edit@kyodo-s.jp）へお願いいたします。お送りくださいました方々には薄謝をさしあげます。

ご協力よろしくお願いいたします。

会社別就活ハンドブックシリーズ

楽天の
就活ハンドブック

編　者　就職活動研究会

発　行　令和 6 年 2 月 25 日

発行者　小貫輝雄

発行所　協同出版株式会社

〒101－0054

東京都千代田区神田錦町2－5

電話　03－3295－1341

振替　東京00190－4－94061

印刷所　協同出版・POD 工場

落丁・乱丁はお取り替えいたします

●2025年度版●
会社別就活ハンドブックシリーズ
【全111点】

運　輸

東日本旅客鉄道の就活ハンドブック
東海旅客鉄道の就活ハンドブック
西日本旅客鉄道の就活ハンドブック
東京地下鉄の就活ハンドブック
小田急電鉄の就活ハンドブック
阪急阪神 HD の就活ハンドブック
商船三井の就活ハンドブック
日本郵船の就活ハンドブック

機　械

三菱重工業の就活ハンドブック
川崎重工業の就活ハンドブック
IHI の就活ハンドブック
島津製作所の就活ハンドブック
浜松ホトニクスの就活ハンドブック
村田製作所の就活ハンドブック
クボタの就活ハンドブック

金　融

三菱 UFJ 銀行の就活ハンドブック
三菱 UFJ 信託銀行の就活ハンドブック
みずほ FG の就活ハンドブック
三井住友銀行の就活ハンドブック
三井住友信託銀行の就活ハンドブック
野村證券の就活ハンドブック
りそなグループの就活ハンドブック
ふくおか FG の就活ハンドブック
日本政策投資銀行の就活ハンドブック

建設・不動産

三菱地所の就活ハンドブック
三井不動産の就活ハンドブック
積水ハウスの就活ハンドブック
大和ハウス工業の就活ハンドブック
鹿島建設の就活ハンドブック
大成建設の就活ハンドブック
清水建設の就活ハンドブック

資源・素材

旭旭化成グループの就活ハンドブック
東レの就活ハンドブック
ワコールの就活ハンドブック
関西電力の就活ハンドブック
日本製鉄の就活ハンドブック
中部電力の就活ハンドブック

九州電力の就活ハンドブック

自動車

トヨタ自動車の就活ハンドブック
デンソーの就活ハンドブック
本田技研工業の就活ハンドブック
日産自動車の就活ハンドブック

商　社

三菱商事の就活ハンドブック
伊藤忠商事の就活ハンドブック
住友商事の就活ハンドブック
双日の就活ハンドブック
丸紅の就活ハンドブック
豊田通商の就活ハンドブック
三井物産の就活ハンドブック

情報通信・IT

NTT データの就活ハンドブック
サイバーエージェントの就活ハンドブック
NTT ドコモの就活ハンドブック
LINE ヤフーの就活ハンドブック
野村総合研究所の就活ハンドブック
SCSK の就活ハンドブック
日本電信電話の就活ハンドブック
富士ソフトの就活ハンドブック
KDDI の就活ハンドブック
日本オラクルの就活ハンドブック
ソフトバンクの就活ハンドブック
GMO インターネットグループ
楽天の就活ハンドブック
オービックの就活ハンドブック
mixi の就活ハンドブック
DTS の就活ハンドブック
グリーの就活ハンドブック
TIS の就活ハンドブック

食品・飲料

サントリー HD の就活ハンドブック
日本たばこ産業 の就活ハンドブック
味の素の就活ハンドブック
日清食品グループの就活ハンドブック
キリン HD の就活ハンドブック
山崎製パンの就活ハンドブック
アサヒグループ HD の就活ハンドブック
キユーピーの就活ハンドブック

生活用品

資生堂の就活ハンドブック
武田薬品工業の就活ハンドブック
花王の就活ハンドブック

電気機器

- 三菱電機の就活ハンドブック
- パナソニックの就活ハンドブック
- ダイキン工業の就活ハンドブック
- 富士通の就活ハンドブック
- ソニーの就活ハンドブック
- キヤノンの就活ハンドブック
- 日立製作所の就活ハンドブック
- 京セラの就活ハンドブック
- ＮＥＣの就活ハンドブック
- オムロンの就活ハンドブック
- 富士フイルム HD の就活ハンドブック
- キーエンスの就活ハンドブック

保　険

- 東京海上日動火災保険の就活ハンドブック
- 三井住友海上火災保険の就活ハンドブック
- 第一生命ﾎｰﾙﾃﾞｨﾝｸﾞｽの就活ハンドブック
- 損保ｼﾞｬﾊﾟンの就活ハンドブック

メディア

- 日本印刷の就活ハンドブック
- エイベックスの就活ハンドブック
- 博報堂 DY の就活ハンドブック
- 東宝の就活ハンドブック
- TOPPAN ホールディングスの就活ハンドブック

流通・小売

- ニトリ HD の就活ハンドブック
- ZOZO の就活ハンドブック
- イオンの就活ハンドブック

エンタメ・レジャー

- オリエンタルランドの就活ハンドブック
- 任天堂の就活ハンドブック
- アシックスの就活ハンドブック
- カプコンの就活ハンドブック
- バンダイナムコ HD の就活ハンドブック
- セガサミー HD の就活ハンドブック
- コナミグループの就活ハンドブック
- タカラトミーの就活ハンドブック
- スクウェア･エニックス HD の就活ハンドブック